AF523981

# Über die Hierarchien der Engel

## Die erste Hierarchie

MIEKE MOSMULLER

# ÜBER DIE HIERARCHIEN DER ENGEL

## Die erste Hierarchie

OCCIDENT VERLAG

Band MM 56

ISBN: 978-3-946699-12-5

Internet: www.occidentverlag.de
E-Mail: info@occidentverlag.de
Grafische Gestaltung: Carina van den Bergh
Umschlagabbildung: Cherub 1220-1300, San Marco, Venedig.

# INHALT

# ERSTE STUNDE

2012 haben wir hier zum ersten Mal ein viertägiges Seminar gehalten, viele von der ersten Stunde sind noch immer da. Als wir hier mit Teilnehmern, die wir schon kannten, die sich aber nicht immer kannten, zusammengekommen sind, da hatte ich das Bedürfnis zu fragen, ob es möglich sein würde, auch untereinander die Spiritualisierung der Gemeinschaft zu pflegen. Nicht nur die Spiritualisierung des Denkens zu suchen, aber auch nicht im üblichen Sinn miteinander umzugehen, sondern bei der Geselligkeit, die auch da ist und gewünscht wird , nicht die gewöhnliche kritisierende Art untereinander einzusetzen, sondern eine Erhebung, einen wirklichen spiritualisierten Umgang untereinander zu pflegen. Das hat dann schon eine gewisse Tonart gesetzt. Danach habe ich es nicht mehr so angesprochen, ich habe nur gehofft, dass es noch nachklingt.

Heute sind wir zusammen gekommen, um über das spiritualisierte Denken einen Zugang zu der Wesenhaftigkeit der Wesen der ersten Hierarchie zu suchen und das stimmt mich dann wiederum sehr ernst. Bei der meditativen Vorbereitung wurde natürlich unmittelbar fühlbar, spürbar, wie erhaben diese Wesenheiten sind und wie weit der Mensch davon entfernt ist - aber andererseits wie groß auch die Möglichkeit ist, sich unmittelbar mit diesen Wesenheiten bewusst bekanntzumachen. Das ist ein großes Paradox. Man fühlt, diese Wesen stehen so hoch, da sterben die Worte im Mund, aber dann könnten wir nicht miteinander kommunizieren. Aber andererseits sind gerade diese höchsten Wesen uns im gewissen Sinn auch am nächsten, weil sie durch uns hindurch unser Ich in die Außenwelt führen.

Das erste Mal haben wir hier in der Arbeit mit den Hierarchien die dritte Hierarchie gesucht. Da sind wir dann unmittelbar zu Hause gewesen im reinen Denken, in der reinen Begrifflichkeit, der leuchtenden Sinnlichkeit, den Kräften des Denkens und auch in den gestaltenden Bildern der Erinnerung, da ist innerlich alles sehr geistig. Als wir dann die zweite Hierarchie suchten, haben wir Wesen kennengelernt, die Vermittler sind zwischen dem Geistigen und dem Physischen, die formend sind, die auch dem Leib die Form geben. Da haben wir, als wir uns mit den Exusiai verbunden fühlten, empfinden dürfen, dass unsere eigene Wesenheit fortwährend durch die Exusiai gedacht wird und dass wir sie fortwährend ein- und ausatmen, nicht nur mit der Luft, sondern auch mit dem Wahrnehmen und dem Denken - die Sinneswahrnehmung als Einatmung und das Denken als Ausatmung. Bei der Besinnung auf die Dynamis wurde uns bewusst, dass sie uns gewisse Fähigkeiten geben, dass wir nicht nur Form sind, sondern dass wir auch formen können, dass wir die formende Tätigkeit haben und das führt dazu, dass wir im Geistigen auch ein Dasein haben dürfen. Die Kyriotetes lernten wir kennen als die Wesen der Form, sie haben und sind das Konzept der Form. Nach diesem Konzept wird geformt und entsteht die Form. Andererseits sind sie die Wesenheiten, wodurch wir allmählich einen Sinn für das Geistige entwickeln dürfen. Und dieser Sinn kann nur entstehen, wenn die Erde Widerstand leistet. Wenn man irdischer Mensch ist, braucht man physischen Widerstand um den Geistessinn zu bekommen. Man bemerkt das nur, wenn man innerlich strebt. Durch Widerstand wird der Sinn für das Geistige erweckt.

Jetzt wollen wir uns zur ersten Hierarchie erheben. Wir haben vier Tage, der erste Tag gibt uns dann die Möglichkeit, unsere meditativen Fähigkeiten tüchtig zu erwecken, damit wir in den drei folgenden Tagen nicht nur Erkenntnis aufnehmen, sondern die Fähigkeit haben, uns wirklich mit diesen Wesen erkennend, fühlend, tätig zu verbinden.

Es ist eine intuitive Verbindung notwendig, eine tiefe Hingabe. Daraus entsteht dann die Erkenntnis, die direkte Intuition und daraus kommt dann das Studium. Das muss jeder für sich machen. Wir müssen uns mit diesem Wesentlichen der Hierarchie erkennend verbinden können.

Bei der Vorbereitung habe ich sehr stark empfunden, dass wir eine gesteigerte innerliche Haltung brauchen um mit diesen Wesen umgehen zu dürfen, dass wir nicht mit unserer gewöhnlichen Lässigkeit und Gleichgültigkeit, die wir im gewöhnlichen Leben möglicherweise sogar als einen Vorzug auffassen, nicht weiter machen können. Wir müssen etwas Engelhaftes in uns anregen, etwas Engelhaftes der ersten Hierarchie. Das gibt eine gewisse besorgte Schwere, weil der Verstand gerade diese Verwandlung fast unmöglich macht. Wir müssen also verständige, vernünftige Menschen bleiben und mit Verstand die Dinge aufnehmen. Aber der Hut des Verstandes muss auch abgelegt werden und das Gemüt muss jubeln können.

Heute werden wir also die meditative Technik intensiv üben, damit wir uns in das Wesen der ersten Hierarchie vertiefen können.

Die erste Hierarchie gibt uns im Geistigen das Bewusstsein von unserem Ich. Das ist etwas, was wir tief in die Seele einschreiben müssen, dass es uns Menschen erlaubt ist, wenn wir in der Intuition sind, selbstständige Iche zu sein. Das ist natürlich nicht das Ego, aber es ist das wahre Ich. Im Bereich der dritten Hierarchie hatte das Ich sich in das Denken verloren, im Bereich der zweiten Hierarchie hat es sich mehr als Seele erlebt. Nun darf es im Bereich der ersten Hierarchie ein Ich-Bewusstsein wiederum haben. Das ist die Wirksamkeit der Wesenheiten der ersten Hierarchie, dass sie uns eine Intuition des eigenen Ich geben, aber dann in dem allerhöchsten Bereich der geistigen Welt.

Wir haben eine Wanderung durch den Kosmos gemacht, indem wir uns bewusst geworden sind, dass die verschiedenen Chöre der Hierarchien gleichgesetzt werden können mit den Planeten. Es gibt einen Vortrag, worin Rudolf Steiner sagt: In der älteren Zeit, noch vor Christus, wusste man auch von diesen hierarchischen Wesen. Da wusste man auch noch, dass dasjenige, was wir äußerlich als Planeten am Himmel wahrnehmen, Kolonien von geistigen Wesenheiten sind, die intelligent sind. Es sind die Planetenintelligenzen; Mondintelligenzen, Merkurintelligenzen, Venusintelligenzen, Sonnenintelligenzen, Marsintelligenzen, Jupiterintelligenzen, Saturnintelligenzen.

Darüber hinaus gibt es dann noch Tierkreisintelligenzen - und noch

Intelligenzen, die darüber hinausgehen. Rudolf Steiner beschreibt, dass Paulus, der durch Christus selbst eingeweiht war, angeschaut hat wie diese Planetenintelligenzen das Heer von Christus sind, dass der Christus all diese Wesen führt und in sich umfasst. Man muss sich dann vorstellen, dass der Christus diese Hierarchische Fähigkeit ist und da wo er sie ist, da finden wir diese Wesen: Im Mondbereich die Engel, im Merkurbereich die Erzengel, bei der Venus die Archai, bei der Sonne die Exusiai, bei Mars die Dynamis, bei Jupiter die Kyriotetes, bei Saturn die Throne, bei dem Tierkreis die Cherubim und darüber hinaus die Seraphim.

Über seine Philosophie der Freiheit sagte Rudolf Steiner: Wenn dieses Buch in der richtigen Weise studiert und meditiert wird, dann entwickelt man ein reines Denken, aber dieses reine Denken ist dann zugleich reiner Wille. Der Wille ist dann nicht unbewusst, sondern er ist wissend. Der Wille weiß. Wenn wir das kosmisch ansehen, dann ist es so, dass, wenn dieses reine Denken, dieser reine Wille entwickelt ist, dass wir dann mit dem Denken, mit dem Willen über Saturn sind, das heißt also, dass wir uns im Bereich der Cherubim befinden. Das ist eine gewaltige Vorausschau, dass das so ist. Wenn dieses durchwollte Denken, worin der Mensch sein eigenes Ich als denkendes Wesen, als wollendes Wesen und dadurch auch als fühlendes Wesen gefunden hat, wenn dieses Ich sich dann wiederum zur Erde zurückneigt, dadurch, dass es über Saturn moralische Intuitionen in sich aufgenommen hat und dann die Reise durch die Planetensphären wiederum zurückmacht, - das kann man sich bildhaft vorstellen - es aus der moralischen Intuition mit moralischer Fantasie durch das ganze Planetensystem hindurch letztendlich auf Erden zur freien, liebevollen Technik kommt: dann verrichtet es freie, liebevolle Taten.

Die Wesenheiten der ersten Hierarchie geben in dem reinen Denken, das Wille geworden ist, dem Ich die Möglichkeit, sich in seinem Sein bewusst zu werden, sodass das Ich weiß: Ich bin. Das ist ein ganz anderes Wissen als das gewöhnliche Wissen, wo man natürlich auch sagt: Ich bin. Wir müssen uns aber jetzt vorstellen, dass wir da ganz hoch oben im Bereich von Saturn, dem Tierkreis und darüber hinaus wissen: *Ich bin*. Das ist eine ungeheure Steigerung, dieses Ich bin!

Es ist nicht nur ein Sein, dessen wir uns da bewusst werden, sondern auch ein Lebensgefühl. Das haben wir auf Erden ja auch, dass wir wissen: Ich lebe. So kann man das in geistigen Höhen auch haben, in einem ganz anderen Feld: im Bereich der Sterne weiß das Ich, erlebt das Ich: *Ich lebe!*

Und darüber hinaus gibt es dann noch eine Möglichkeit, dass das Ich sich als Licht spendend erlebt. Nicht mehr als Licht empfangend, sondern auch als Licht erzeugend. Das Ich, das so geistig bewusst lebendig im Geistigen ist, dass es da auch noch tätig sein darf. Es erlangt ein Bewusstsein davon, dass es *Licht* erzeugt.

Das sind Tugenden der ersten Hierarchie, wovon man sagen kann:

Die *Throne*, die das Ich bin geben oder sind, sind die Wesenheiten, die das geschaffene Sein durch Gnade tragen. Wenn wir uns die Gnade vorstellen, das kleine Bisschen, das wir davon kennen, müssen wir uns das so vergrößert, erweitert vorstellen, dass es weltentragende Gnade ist, Gnade, die Tragkraft wird. Das geistige Sein der höchsten kosmischen Region wird getragen und wir werden durch sie getragen durch Gnade.

Die *Cherubim,* die uns dieses Lebensgefühl im Ich geben, haben als Tugend die ruhige, ganz abgeklärte göttliche Weisheit, das umfassende ruhige Wissen von allem Göttlichen. Wenn wir also dieses *Ich lebe* im geistigen Erleben empfangen von den Cherubim, dann sind wir auch wirklich in dieser ruhigen, lichtvollen, aber zur Ruhe gebrachten göttlichen Wahrheit darin.

Und die *Seraphim,* die in uns die Fähigkeit erwecken, mit dem Ich Licht zu erzeugen, also Licht um uns herum in das Geistige zu verbreiten, damit wir auch im Geistigen schauen können, die haben als Tugend etwas, was wir sehr verloren haben. Das ist die Begeisterung, Enthusiasmus. Ramon LLull sagt: Herrlichkeit, Gloria. Rudolf Steiner gibt ein Beispiel: Wenn man in alten Zeiten bestimmte Kunstäußerungen, z. B. einen Vortrag von einem Dichter erlebt hätte, dann würden wir mit unserer heutigen Seele überhaupt nicht fassen können, wie das Publikum darauf reagierte. Das war nicht mit einem Klatschen oder so etwas getan, da wurden die ganz wild vor Begeisterung, ganz befeuert vom Enthusiasmus. Das müssen wir uns zurückerobern, aber dann nicht so nach außen, sondern innerlich. Und nicht dieses: Na, schön... und dann wieder weiter zum folgenden Ereignis. Deshalb gehen die Leute zum Fußball, weil es da wenigstens noch Enthusiasmus gibt, ganz verzerrt zwar, aber trotzdem. Da kann man noch ‚aus seinem Dach herausgehen'. Überall sonst in der Welt ist das verloren gegangen. Das ist die höchste Hierarchie, die Begeisterung – nur für das Höhere, das Geistige, die geistige Leistung, selbstverständlich.

Dann komme ich wieder zu dem Anfang zurück. Wir müssten eigentlich in diesen vier Tagen versuchen, mit diesen drei Tugenden der ersten Hierarchie zu leben, auch wenn wir nicht hier sitzen. Versuchen, darin standzuhalten und das würde dann bedeuten, dass wir einmal durch längere Zeit hindurch in unserem Ich wirklich darin sein würden.

Das ist normalerweise nicht der Fall. Der Mensch ist in seiner Seele lebendig und vergisst sein Ich fortwährend. Die Seele hat von Luzifer den Egoismus bekommen und die Täuschung ist dann, dass der Mensch meint, dass das sein Ich ist. Das wahre Ich wird vergessen. In den esoterischen Stunden beschreibt Rudolf Steiner da, wo er spricht über die Throne, Cherubim, Seraphim, dass der Mensch, wenn er dazu kommt sich zu entschließen, ein meditatives Leben führen zu wollen und das wirklich ein ernsthafter Entschluss ist, – dann muss er eigentlich immer in diesem Entschluss leben, auch im Alltag. Er darf dann nie mehr vergessen, dass er diesen Entschluss gefasst hat und also ein Meditant ist.

Er muss nicht tagsüber meditierend herumlaufen, aber wenn er seine gewöhnlichen Taten vollbringt, darf er nicht vergessen, dass er diesen Entschluss gefasst hat. Das bedeutet, dass er in seinem Ich darin ist.

Wenn es dann doch einmal passieren würde, dass man sich nach einer gewissen Zeit gestehen muss: Jetzt habe ich es doch vergessen… dann müsste man sich so schämen, als ob man nackt durch eine überfüllte Straße gegangen ist. Das ist schon ein starkes Bild, das er da gibt. Da wir uns also jetzt mit der ersten Hierarchie befassen wollen, ihr näher kommen wollen, müssen wir das auch ernst nehmen. Man kann nie in die Schuhe eines anderen Menschen treten. Jeder Mensch macht für sich aus, wie weit er gehen will. Aber wenn er dann einmal für sich selbst die Wahl gemacht hat, so weit gehen zu wollen, den Weg der Meditation wirklich anzutreten, dann gelten diese Anforderungen. Das bedeutet nicht, dass wir immer mit ernster Miene herumlaufen sollen. Es hat eine andere Bedeutung. Man darf nie vergessen, dass man meditierender Mensch ist. Was sind das für Menschen? Wie sehen die aus, wie tun die? Das müsste hier wenigstens in den kommenden Tagen deutlich werden, was das für Menschen sind.

Wir sind hier in der Ich-Ebene, das ist die moralische Ebene. Die höchste Kunst wird gefordert, die soziale Kunst. Sie ist nicht immer so äußerliche sichtbar, sie spielt sich vor allem auch innerlich ab. Sie hat mit den höchsten hierarchischen Anlagen zu tun, den Ich-Anlagen, das gnadenvolle Tragen, die ruhige Weisheit oder Wahrheit und die Begeisterung. Die Begeisterung bedeutet das völlige Abgelegthaben von aller Antipathie. Das ist die Hauptforderung. Wir brauchen die Antipathie, damit wir uns in den irdischen Aufgaben aufrechterhalten können, auch im Leib. Aber im Ich brauchen wir sie nicht.

Es fängt natürlich damit an, dass man in sich erkennt, dass man Antipathie hat. Wir brauchen eine intuitive Vertiefung. Das ist genau das, was wir in den kommenden Tagen tun werden, denn wir können die erste Hierarchie nur durch Intuition erkennen. Imaginieren und inspirieren gehört zu den anderen Hierarchien. Die erste Hierarchie gibt eine Fähigkeit, in einem Ganzen zu wissen, was man erkennen will. So weiß, glaube ich, jeder Mensch durch Intuition unmittelbar, was gemeint ist mit: Man soll als meditierender Mensch fortwährend bewusst bleiben, dass man ein meditierender Mensch ist. Wenn man zu erwägen anfängt, wird es vielleicht schwierig, es auszudrücken.

Aber man weiß unmittelbar, was gefordert wird. Man weiß doch, was da gefragt wird?

Keine Antipathie im Ich zu haben bedeutet, dass das Ich nie abwehrt, sondern immer mitgeht. In der Seele sind wir fortwährend im Kampf darin, wir suchen die Vervollkommnung der Seele. Das Ich ist darüber hinaus, das ist fertig damit, es hat solche Probleme nicht, es steht oberhalb des Kampfes, es braucht den Kampf nicht. Im Vaterunser aber steht, dass es das Böse wählen könnte. Es ist das auf Erden tätige Ich, das dies noch als Möglichkeit hat. Würde das Ich das tun, dann hätte man es mit etwas sehr Schlimmem zu tun. So gut wie das Ich im Wesen ist, so böse kann es auch sein. Im Bereich der guten ersten Hierarchie gibt es diese böse Möglichkeit nicht, denn da ist nur das wahre Ich anwesend.

Im Opfer kann ein hohes Wesen sich um niedere Wesen kümmern und dann etwas oder viel von der Hoheit verlieren müssen, um helfen zu können. Das ist etwas anderes als dieses für sich selbst Wählen des Bösen.

Wir wollen uns vorstellen, was es ist, um aus dem Ich heraus zu leben. Dann muss man die Assoziationen mit dem Egoismus ganz fallen lassen. Das Ich ist die wahre Wesenheit des Menschen und steht in der höchsten Hierarchie. Das ist schon ein Schritt, es zu wagen, zu denken, dass der Mensch ein Wesen ist, das mit der höchsten Hierarchie zusammenlebt und das eine Leiter nach unten gegangen ist.

So wie wir jetzt sind, sind wir ganz unten auf der Erde. Zur gleichen Zeit haben wir da hoch oben, da haben wir unser Ich und dies ist individuell und universell zugleich. Dann nennt man sich nicht mehr Freund, sondern man nennt sich Bruder und Schwester, weil man das im Ich auch wirklich ist. Nicht die Blutlinie ist es dann, aber die Ich-Linie, wodurch alle Menschen Brüder sind. Das kommt von ‚Über Sternen'. Es sind die Seraphim, die sich auch räumlich wirklich über dem Tierkreis aufhalten. Sie zeigen sich nicht, sie werden nur offenbar in ihrer Wirksamkeit. Es gibt Imaginationen, nicht direkte Wahrnehmungen. Die Intuition kann verbildlicht werden.

Aber man weiß nicht wie sie aussehen, man hat nur Imaginationen.

Wenn wir daran denken, wie Johannes Scotus Eriugena die drei Gebiete der Seele beschreibt (In: Über die Einteilung in der Natur), dann sagt er, das höchste Gebiet ist charakterisiert dadurch, dass der Mensch da weiß, dass Gott existiert, aber weiter gibt es keine spezifischen Erkenntnisse von Ihm. Es ist platonische Weltanschauung. Das höchste Göttliche kann nur so erkannt werden, dass man weiß, dass es existiert – nicht als ein nur ‚Ja' Sagen, womit alles fertig ist, so macht der moderne Mensch das; aber als ein umfassendes, aber unspezifisches Wissen. Das ist eine Beschreibung der höchsten Hierarchie, mit dem Übergang zur Trinität. In der Anthroposophie haben wir es dann zu tun mit einer Erfüllung oder Einfüllung dieses Gebietes. Thomas von Aquin sagte schon, dass der Mensch wie ein Adler doch einen Funken vom wahren Göttlichen erfassen kann. Rudolf Steiner machte aus diesem Funken eine großartige kosmische Geisterkenntnis. Was unerkennbar war oder gedacht war, wurde doch erkannt und beschrieben.

In diesem Gebiet finden wir uns in den kommenden Tagen, in einem Gebiet, wo die menschliche Erkenntniskraft immer so gesehen wurde, dass sie zu schwach ist, um sich dahin hinaufzuarbeiten. Das ändert sich in der neuen Zeit, weil jetzt die Möglichkeit entstanden ist, in dem Ich die Geisterkenntnis zu haben und gerade das Ich wohnt in diesem höchsten Gebiet, das in der intuitiven Erkenntnis ist. Und die kann anfangen, wenn man die intuitive Erkenntnis des Denkens hat.

Und so kommen wir immer wieder zu der Philosophie der Freiheit und zu ‚Suche das Licht…' zurück: Wenn man sich auf seine Ich-Erkenntnisfähigkeit besinnt, dann befindet man sich unmittelbar in dem Gebiet der ersten Hierarchie. Nach der Pause werden wir dann wiederum einige Schritte machen, damit es erlebbar wird, wo in uns das Gebiet, so wie wir sind, wohnt. Es wird durch die gewöhnliche Philosophie und Erkenntnistheorie nicht dahin geschaut. Wenn das aber gemacht werden würde, dann würde jeder Philosoph ein Ich-Philosoph werden. Es liegt in den natürlich gegebenen Möglichkeiten des Denkens, man braucht keine Anlage zur Hellsichtigkeit. Jeder Mensch ist da hellsichtig.

## ZWEITE STUNDE

Wir werden einen Versuch tun, in die Intuition als Erkenntnisstufe hineinzukommen. Es gibt verschiedene Möglichkeiten dazu. Der direkte Weg ist über die Bewusstwerdung der Denktätigkeit, dann gewissermaßen zurückschalten zum Denker, da hat man das Ich in seiner Tätigkeit und zugleich als Tätige(r). In Wirklichkeit ist das dann da.

Heute Morgen werden wir einen anderen Weg einschlagen und sehen, wohin das führt. Es gibt im Vortragswerk von Rudolf Steiner einen Satz, der immer wiederkehrt, der auch dreigeteilt wiederkehrt. Das ist: Die Weisheit lebt im Licht, die Weisheit erstrahlt im Licht, die Weisheit der Welt erstrahlt im Licht. Wenn Rudolf Steiner öffentliche Vorträge über die Meditation hielt, verwendete er diese Sätze sehr oft als Inhalt. Es gab dann plötzlich auch eine etwas andere Formulierung. Diese möchte ich heute verwenden. Es ist immer derselbe Satz, aber es gibt drei Stufen.

*Im strahlenden Licht lebt strömende Weisheit.*

Die erste Stufe ist, dass wir uns bewusst werden, wenn wir so einen Inhalt denken wollen, dass wir dann das Denken selbst in Gang bringen müssen. Es gibt in der Welt keine Möglichkeit, um mit den Augen unmittelbar zu sehen, dass im strahlenden Licht strömende Weisheit lebt. Wenn wir das strahlende, äußerliche Licht anschauen, dann sehen wir meistens nicht, dass darin strömende Weisheit lebt.

Wir müssen also selbstständig denken, wir können nicht an Hand der Sinneserfahrung diesen Satz denken. Das ist der erste Schritt, dass wir meditativ, konzentriert diesen Satz denken, der sich nicht an die Sinneswirklichkeit anlehnen kann. Das bedeutet etwas. Diese Denkarbeit ist losgelöst von der Sinneswirklichkeit. Dadurch wird es möglich, das Denken an sich, außerhalb von der Sinnestätigkeit zu entfalten. Das ist der erste Schritt. Die meisten hier haben Erfahrung in der Meditation, aber wir brauchen sie nicht unmittelbar, denn es ist immer doch wiederum ein Anfang. Wir versuchen also diesen Inhalt zu denken und zu spüren, wie dieser Inhalt ganz selbstständig ist.

*Im strahlenden Licht lebt strömende Weisheit.*

Es wird meditiert.

Es muss zu einer Art von Chemie werden, dass man sein Denken aus sich hinausbringt, herausfiltriert, dass man das Denken vom Leib trennen kann. Das geht dadurch, dass man einen solchen Satz verwendet, weil dieser geeignet ist, die Trennung herbeizuführen. Es kommt dann eigentlich nicht einmal darauf an, wie lange meditiert wird, nur die Intensität zählt. Es müsste ganz schnell gemacht werden können, indem man sich ganz energisch vornimmt, ich werde mich nicht ablenken lassen, ich werde nur diesen Satz denken. Kurz, intensiv, energisch, pur.

Dann kann man spüren, dass das Denken etwas ist, was ganz auf sich selbst gestellt ist. Wenn man dann wieder in Assoziationen, Gefühle und so weiter zurückfällt, dann fühlt man, wie der Leib wieder mit tut. Die erste Stufe ist dazu da, dass das Denken ganz leibfrei wird. Man braucht gar nicht etwas anderes, als nur so einen Satz, womit man hinauskommt mit dem Denken. So wie wir Wasser chemisch in Wasserstoff und Sauerstoff trennen können, so kann man das Denken vom Leib trennen lernen. Man kann es umso besser bemerken, wenn man wieder zurückfällt oder zurücktritt, der Unterschied ist wichtig. Wenn ich den Satz ganz rein denken kann, dann ist der ganze Bewusstseinsinhalt losgelöst vom physischen Leib. Man braucht keine Stunde, man gibt sich dann zu viel Gelegenheit zur Ablenkung.

Es wird noch einmal meditiert.

*Im strahlenden Licht lebt strömende Weisheit.*

Man nimmt sich zusammen und ist dann nicht mehr im Leib darin. Mit viel Zeit zur Verfügung kann man immer wieder aufs Neue anfangen – aber die Gefahr besteht, dass man sich zu viel Lässigkeit zugesteht. Es muss in einer Minute zustande gebracht werden können.

*

Dann kommt der zweite Schritt. Da muss man versuchen, mit demselben Satz etwas anderes zu tun, nämlich, das strahlende Licht und die strömende Weisheit so stark wie möglich zu fühlen.

Man steigt fühlend hinein und versucht, als ob es etwas Lebendiges wäre, das strahlende Licht, worin Weisheit strömend lebt, zu fühlen. So kommt man von den Worten los und bringt dasjenige in das leibfreie Gebiet hinein, was Sprachkraft ist.

*Im strahlenden Licht lebt strömende Weisheit.*

Es wird von den Teilnehmern ausgesprochen:

- dass man erfährt, loszukommen von den Worten,
- dass das strahlende Licht leichter fühlbar ist als die strömende Weisheit, das Räumliche ist leichter zu fühlen als das Zeitliche.
- dass man hier mehr musikalisch erlebt.
- dass es nicht-menschliche Gefühle sind, sondern über-menschliche, göttliche sogar. Es sind nicht die gewöhnlichen Lust- und Leidgefühle.
- dass man loskommt von den Worten, man erweitert sich bis an eine Grenze.
- was übrigbleibt, ist Leben, man lebt. Wenn ich mich an die Worte erinnere, dann ist das wieder weg. Komme ich davon los, dann lebe ich, erlebe ich Lebendiges.
- strömende Weisheit ist von einer ganz anderen Qualität als das strahlende Licht. Licht kennt man von außen, Weisheit ist an Gedanken, an Menschen gebunden, man kennt sie nicht von außen.
- man muss mit dem Gefühl in die Bedeutung hinein. Die Bedeutung ist von vornherein unmittelbar gegeben.

Es ist Bewusstwerdung von etwas, was man immer schon macht.

Denn man kann keine Bedeutung erfassen, wenn man nicht gefühlt hat. Es geht aber nicht um Sympathie und Antipathie, nicht um solche Gefühle, aber um ein fühlendes Tasten, abtasten, einsteigen sogar.

Es geht nicht darum, dass der Inhalt Gefühle erzeugt, jetzt, sondern, dass wir mit unserer Gefühlstätigkeit hineingehen. Wir machen uns mit unserer Gefühlswesenheit eins mit dem Inhalt. Wir kennen das eigentlich nur als Mitleid. Das ist die Qualität. Aber hier ist kein kranker oder leidender Mensch da, sondern ein Inhalt. Aber die Art des Einfühlens ist so wie es beim Mitleiden ist. Man muss erst wahrgenommen haben und dann hineingehen mit dem Fühlen. In diesem Fall ist das Wahrnehmen ein Denken, eine Bedeutung. Das Gefühl muss *eine Bewegung dahin* machen, das ist etwas anderes als bloß empfangen. Da könnte man vielleicht durch Mitleid wissend werden. Und was da gemacht wird: So wie wir beim ersten Schritt das Denken leibfrei machen, so lassen wir jetzt die Sprache leibfrei werden, durch das Fühlen in die Inhalte hinein. Man spricht nicht mehr, sondern fühlt sich hinein, das Wort wird verwandelt in ein Einfühlen. Das ist auch Sprache, aber leibfreie Sprache. Dadurch bekommt die ganze Meditation mehr Kraft und es wird leichter sie leibfrei zu erhalten.

Wir müssen unterscheiden zwischen Bedeutung und Gefühl, das nicht bedeutungslos ist. Die Bedeutung verwandelt sich, wird reich, bildhaft.

Wenn wir zum Beispiel ein Gemälde denken – Rembrandt zum Beispiel, der das Licht sichtbar macht – dann sehen wir, dass der Maler mehr tut als die Natur. Der Maler muss wohl mehr tun als die Natur, sonst wird es keine Kunst. So etwas ist dieser zweite Schritt, es ist der Übergang zur Kunst. Im Denken kann man es noch so belassen, wie es ist. Aber mit dem Fühlen wird es verstärkt und wesentlicher, es kommt mehr Kraft darein, es ist besser zu halten, hat mehr Beständigkeit. Man muss übertreiben können. Wenn man so sitzen bleibt und ein bisschen nachfühlt, was es alles tut – dann tut es nicht viel. Man muss sich selbst im Gefühl anregen und tätig werden. Und dann wird allmählich klar, dass es wirklich dasjenige ist, was gewöhnlich spricht, was sich jetzt vom Körper loslöst. Es gibt auch andere Übungen dafür. Man kann einen Satz sprechen, aber nicht bis in den Kehlkopf. Man spricht innerlich, ohne zu sprechen, man resigniert, bevor der Kehlkopf mitmacht.

Rudolf Steiner gibt an, dass, wenn man die Sprachkraft aus dem Körper befreien kann, dass das dann die Kraft ist, mit der man in seinen vorherigen Inkarnationen zurückschauen kann. Es ist das Auge dafür. Das muss aber kultiviert werden.

Die erste und zweite Übung werden wiederholt. Zuerst denkend, dann mit dem Gefühl.

*Im strahlenden Licht lebt strömende Weisheit.*

Dann können wir versuchen, das noch so zu steigern, indem wir versuchen *den Satz zu wollen*, es wirklich selbst zu sein und zu tun.

Im Gespräch wurde vor allem deutlich, dass die drei Übungen eine Gesamtheit bilden, dass beim Denken des Satzes, das Wollen und das Fühlen schon mitmachen, beim Fühlen das Denken und das Wollen – denn man muss das Fühlen willentlich in eine Bedeutung lenken – und beim Wollen bleibt das Denken und Fühlen gleichsam erhalten und wird verstärkt durch das Wollen, mit dem man das Ganze durchdringt. Zuerst hat man nur den gewöhnlichen Willen, aber der wird immer mehr frei, kommt immer mehr aus der Peripherie, statt aus dem scheinbar körperlichen Mittelpunkt.

In der dritten Stufe befreit man sich aus dem Blut. Die leibliche Erfahrung verschwindet, an deren Stelle kommt ein nicht körperlicher Wille. Also zuerst Befreiung aus dem Gehirn, dann aus der Sprachkraft, dann aus dem Blut. Man setzt sich ganz außerhalb des Leibes und ist *ein zweiter Mensch* mit einem Denken, einem Fühlen, einem Wollen, *ganz leibfrei*. In diesem Willensgebiet, das wir nur kennenlernen können, wenn wir es in einer Bedeutung, die nicht sinnlich ist, mehr oder weniger verkörpern, kommen wir so weit, dass wir die

Fähigkeit erlangen, eine Geheimwissenschaft zu schauen – und wir sind da in dem Gebiet der ersten Hierarchie. Es ist das intuitive Erkennen, das wir hier versuchen vorzustellen und zu entfachen. In dem neuen Leib wäre die Geheimwissenschaft zu finden, in der verwandelten Blutkraft, Kreislaufkraft. Mit dieser Kraft kann man die ganze kosmische Entwicklung schauen lernen.

Was wir jetzt gemacht haben, das ist beispielhaft für jede Meditation, für die ganze Arbeit zur Spiritualisierung des Denkens, Fühlens und Wollens. In allen Übungen bis jetzt haben wir dies getan, gesucht, hier wird es noch mal ganz systematisch konkret gemacht.

Also auch mit der Arbeit der Philosophie der Freiheit entfalten wir das Tun der Gedanken und finden uns in der Intuition darin. In diesen drei Schritten hätten wir die vollkommene Imagination, die vollkommene Inspiration und die vollkommene Intuition eigentlich erfasst. Aber es muss noch auswachsen. Wir brauchen diese Stärkung jetzt wirklich, weil wir mit der Suche nach der ersten Hierarchie vollkommen in Abstraktionen geraten würden, wenn wir es mit dem schlaffen Denken machen würden. Dasjenige, womit wir als Menschen etwas Reales von den Hierarchien spüren können, das ist die kräftige Intuition. Auch in der Abstraktion hat man sie wirklich, aber nicht wesentlich.

Es wird eine Frage gestellt über die tiefe menschliche Begegnung, wie sie Martin Buber beschrieben hat als ‚Ich und Du', und ob diese Art der Begegnung auch mit der ersten Hierarchie zu tun hat.

In den Niederlanden kam dieses Thema zur Sprache, weil ich selbst vor der Anthroposophie am meisten gelebt habe mit der menschlichen Begegnung und dann in den Büchern von Martin Buber eine Beschreibung davon gefunden habe. Als jüdischer Philosoph gibt er rein christlich ausgeprägte Sätze, die sehr beeindruckend sind. Sie handeln davon, was zwischen Menschen geschehen kann, wenn der eine Mensch den anderen Menschen wirklich in seinem Ich erfasst:

Ich und Du. Da ist man wirklich im Bereich der ersten Hierarchie, wenn das Ich-haft ist – es kann auch seelisch sein. Dann sind zwei individuelle Iche universell vereinigt und Martin Buber sagt dann:

Dann ist der Urgrund des Seienden zwischen ihnen. Wenn zwei in diesem Namen, im Ich und Du zusammen sind, dann ist der Urgrund des Seienden zwischen ihnen.

Im Werk von Rudolf Steiner ist ein starker christlicher Impuls da.

Wenn er dann über die Hierarchien spricht, könnte man aus dem Auge verlieren, dass Christus immer die Umhüllung des Ganzen ist.

So wurde die Frage gestellt: Was ist in der hierarchischen Ordnung nun eigentlich der Christus? Da sagt er, das Er zu den Elohim gehört, als Führer (die Exusiai), dass er die ganze Hierarchien-Welt führt und darüber hinaus zu Hause ist in dem mehr oder weniger sichtbaren Gebiet der Trinität und von da aus heruntergestiegen ist. Das müssen wir fortwährend dabei im Bewusstsein haben. Die Hierarchien leben in der göttlichen Hülle des Christus.

# DRITTE STUNDE

Wir werden die Übung fortsetzen, damit es immer deutlicher wird, in welcher Tätigkeit der Seele und des Geistes wir uns finden müssen, wenn wir mit der ersten Hierarchie eine bewusste Verbindung herstellen wollen. Es ist immer die Intuition, aber die Wege, die dazu führen, sind gleich und doch auch verschieden. So gibt es einen Entwurf von Rudolf Steiner zu seinen Mysteriendramen. Der Text steht in der definitiven Version anders, es ist wirklich eine Art von Vorstufe. Aber darin gibt Rudolf Steiner etwas, das so wertvoll ist, dass ich es gerne verwende. Da wird dann auch wiederum der Weg gewiesen, wo das Denken leibfrei wird, das Fühlen gleichsam in Schlaf gewiegt wird und das Wollen wirklich bewusst werden kann. Er gibt dann einen Ort an, wo das Wollen als Eigenwesen bewusst wird und das ist der Herzensgrund. Das Wunderbare ist, dass wir einen solchen Spruch tun können. Der Spruch lautet wie folgt:

«Es werde ruhig in den Seelentiefen
Gedankenschattenmacht
Und tilge aus den Sinnenschein.
Es dämpfe wie im Schlafesschoß
Gefühl des Zeitenlebens.
Und reifen möge im Herzensgrund
Ein Wille, der des Geistes Samenkraft
In sich als Eigenwesen fühlt.
Du schauest dann aus Geisterhöhn
Das Erdenwesen wissend an.
Du fühlest dich in Geisteswelten.

In Deinem Denken leben Weltgedanken
In Deinem Fühlen weben Weltenkräfte
In Deinem Willen wirken Weltenwesen.
Und aus Weltenfernen tönt

Des Schicksals Rätselwort:
Erkenne das Ziel des Lebens.
Und dich im wahren Wesen schauend,
Ergießt die Antwort in Weltenweiten
Das eigne Herz gewaltig sprechend:
Ich selbst, ich bin der Welten Sinn
Es lebt in mir ein Götterplan
Verstehend solcher Worte tiefen Sinn
Erfülle ich das Geistgebot

0, Mensch erkenne dich.»

«Verlange solchen Wissens Licht,
Nur wenn bereit du bist,
Zu wandeln dein Gemüt,
Und eitlen Wesens Wahn
Aus Herz und Sinn zu bannen.
Denn bleibst du, der du bist,
Wird Wissen dich vernichten
Und deine Geistesgaben
Gebietern tiefster Finsternisse
Als Schaffensmächte weihen» -

Die erste Stufe ist also die Aufforderung oder die Bitte:

*Es werde ruhig in den Seelentiefen*
*Gedankenschattenmacht*
*Und tilge aus den Sinnenschein.*

Wir wollen jetzt nicht so sehr den Satz an sich meditieren, aber wir werden danach streben, dass es ruhig werde in den Seelentiefen.

Was soll ruhig werden? Gedankenschattenmacht, die den Sinnenschein austilgen möge. Die Gedankenschattenmacht macht die Seele immer so unruhig…

Es wird meditiert.

*Es dämpfe wie im Schlafesschoß*
*Gefühl des Zeitenlebens.*

Man muss sich in Richtung des Schlafes begeben, aber gerade nicht einschlafen, sodass sich das Gefühl des Zeitenlebens dämpft.

Es wird meditiert.

Dann werden die beiden Schritte nach einander meditiert.

*Und reifen möge im Herzensgrund*
*Ein Wille, der des Geistes Samenkraft*
*In sich als Eigenwesen fühlt.*

Die drei Stufen werden nacheinander meditiert. Wenn die ersten zwei Schritte durchlebt sind, kommt dieser Wille als Kraft in das Bewusstsein auf, im Herzensgrund. Man fühlt diesen Willen als Eigenwesen in sich, der Wille fühlt die Samenkraft des Geistes als Eigenwesen in sich. Es muss ein Vorgang werden. Zuerst wird die Gedankenschattenmacht ruhig in den Seelentiefen, sie tilgt den Sinnenschein aus.

Dann wird das Gefühl des Zeitenlebens gedämpft. Wenn das geschieht, dann reift im Herzensgrund ein Wille. Und dieser Wille fühlt etwas. Was? Die Samenkraft des Geistes. Wie? Als Eigenwesen in sich.

*Du schauest dann aus Geisterhöhn*
*Das Erdenwesen wissend an.*
*Du fühlest dich in Geisteswelten.*

Das Ganze wird nochmal meditiert.

So sind wir dann auch in dem Gebiet der Intuition angekommen.
In dem Gespräch wird darüber nachgedacht. Die Empfindungen und Erfahrungen sind sehr verschieden. Diese Meditation wird von manchen Teilnehmern als leichter erlebt als die Meditation, ‚Im strahlenden Licht…', anderen fanden diese Meditation viel schwieriger,

weil bei der ersten eine Erkraftung der drei Seelenkräften auftritt und hier eher eine Hingabe gefordert wird und es nicht deutlich ist, wie das gemacht werden muss. Dadurch wird gerade scheinbar der Körper mehr fühlbar und nicht weniger.

Der erste Weg scheint zu erfrischen, der Zweite mehr zu benebeln.

Das hat dann natürlich mit einem Mangel an Kraft zu tun, man setzt sich nicht genügend ein und sinkt in den Körper zurück. Obwohl der Vorgang eigentlich klar sein sollte, erscheint der Text als kompliziert und schwer zu denken und man bleibt darin verwickelt. Eine dritte Art des Erlebens war, dass der Spruch gerade angibt, was in jeder Meditation immer gemacht wird: die Überwindung des gewöhnlichen Denkens und die Position im Raum, das Vergessen der Zeitverhältnisse und dann kommt diese Samenkraft auf. Man erschafft sich selbst, so wie beim Ingangsetzen des Denkens. Man ist dann erst ein Samenkorn.

Und was dann folgt, das kommt eigentlich dazu, es ist eine Beschreibung von demjenigen, was dann erreicht wird, wo man hingelangt.

Es wurde als ein komplizierter Text erfahren, was die Übung störte.

Aber diesem wurde entgegengebracht, dass man auch aus dem Begriff der Bedeutung heraus die Schritte vollziehen kann, oder wenigstens versuchen kann, sie zu vollziehen. Dann tut man in einer anderen Art genau, was auch der erste Spruch fordert. Hier liegt zwar der Nachdruck auf der Bitte, aber es ist doch eine tätige Hingabe, die da gefragt wird. Man kann es empfinden, als ob das ‚Es werde...' ganz außerhalb von der meditierenden Person hergestellt würde – aber man weiß natürlich, dass man mittun muss, sonst kommt nie etwas zustande. Man darf also doch erleben, dass man sich selbst zur Ruhe bringen muss, obwohl gesagt wird: Es werde ruhig... Denn der Ruhebringer ist im Menschen darin, er wird auferweckt durch diese Bitte und etwas ersteht, was man selbst ist. Das Großartige wird vom beschränkten Menschen angefangen, aber im beschränkten Menschen wohnt ja das Großartige, als Samenkraft zwar, aber sie ersteht. So kann man den Spruch von zwei Seiten erleben, einerseits als eine große Bitte an die geistige Welt, die dann im Spruch erhalten ist, andererseits als eine Aufforderung an das Menschen-Ich selbst, das dies alles zustande bringen kann, wenn es nur aktiv werden will und statt nur zu denken, das Denken tun lernt.

Es ist interessant, zu erleben, wie der Spruch sich zu der endgültigen Form im Mysteriendrama verwandelt hat:

‚In deine Seelentiefen dringe ruhig,
und Starkmut laß dir Führer sein.
Verliere frühern Denkens Formen,
wenn du versinkst in dich,
um dich aus dir zu führen.
Ertötend alles Eigenlicht
erscheint dir Geisteshelle.‘

Hier wird viel mehr die eigene Mittätigkeit betont.

Es wird gefragt, wie man den Widerspruch verstehen kann, der liegt im letzten Satz: Ertötend alles Eigenlicht erscheint dir Geisteshelle.

Wie kann es noch ein ‚dir‘ geben, wenn alles Eigenlicht getötet ist? Es bleibt immer noch jemand übrig, der alle Aufforderungen wahr macht, auch das Ertöten des Eigenlichts. Wenn man das Eigenlicht tötet, ist man doch tätig, es wird nicht von einer anderen Macht getötet, sondern man tut es selbst, dadurch, dass man auch die früheren Formen des Denkens verliert. Das ist das eigentliche keimartige geistige Wesen. Die früheren Formen des Denkens sind die Gedankenschattenmacht, die sich auch mit dem Sinnenschein befasst.

Es ist wichtig, dass wir wissen, dass wir im Tun wissen, in der Meditation, dass wir durch die ungeheure Aktivität im Denken, dass wir dadurch die früheren Formen des Denkens verlieren und dass dadurch auch das Eigenlicht ertötet wird. Man kann in einem Spruch nicht etwas außerhalb der Zeit zum Ausdruck bringen. Wenn man etwas sagen will, auch innerlich, dann kostet das Zeit. Was dann folgt, ist: *In deinem Denken leben Weltgedanken, in deinem Fühlen weben Weltenkräfte, in deinem Wollen wirken Weltenwesen.* Das ist eine Formel, die aussagt, was wir heute Morgen gemacht haben.

Wir haben unser Denken so gestaltet, dass darin nicht unsere eigenen Gedanken leben, sondern Weltgedanken. Wir verwenden die Denkfähigkeit nicht, um persönlich wichtige Gedanken zu denken, sondern denken Weltgedanken. Wir haben das Fühlen darin aufgetragen, sodass wir sagen können: In deinem Fühlen weben Weltenkräfte. Das kann mit den gewöhnlichen Gefühlen nicht gemacht werden. Das Fühlen wird Weltenkraft. Das Wollen trägt die wirkenden Weltenwesen.

Wenn wir die drei Hierarchien bedenken, dann kann man sagen:

Die dritte Hierarchie gibt uns die Weltgedanken, die zweite Hierarchie kraftet in uns Weltgefühl und die erste Hierarchie will uns und von ihr bekommen wir die Möglichkeit, uns selbst weiter zu schaffen.

In der ersten Hierarchie lebt die Schaffensmacht. In deinem Wollen wirken Weltenwesen. Zuerst werden wir gewollt. Durch die Entwicklung zur Freiheit kommt die Möglichkeit, dass der Wille durch Weltgedanken und Weltenkräfte hindurch selbst schaffen lernt. In dieses Gebiet müssen wir uns hinein-versetzen wollen, um eine Ahnung zu bekommen, was die Welt der ersten Hierarchie ist.

Ich selbst gebe mir in den Seminaren sehr viel Mühe, um euch nicht meine eigenen Gedanken anzubieten, sondern um die Weltgedanken zu denken. Alles rein geistige Denken, alle Gedanken, die nicht mit der persönlichen Lebensaufgabe zusammenhängen, sind erfüllt von Weltgedanken. Das sind auch alle Gedanken, die wir in unseren Sinnen tragen. Alles, was in den Sinnen denkt, ist Weltgedanke, durch mich hindurch denkend. Wenn ich die Blumen anschaue, dann sind das Gedanken, die da sichtbar geworden sind. Es sind

Weltgedanken. Erst wenn ich mich daraus zurückziehe und darüber nachdenke, ist es kein Weltgedanke mehr. Es sind diese Weltgedanken, -kräfte, -wesen immer da, aber wir decken sie zu durch das gewöhnliche Denken, Fühlen und Wollen. Die innerliche Arbeit geht dahin, in diese übersinnlichen Gebiete hineinzukommen.

Teilnehmerin: Durch die Arbeit mit dem roten Buch von dir kann man das wirklich sehr gut lernen, gewahr zu werden, dass hinter dem Denken, Fühlen und Wollen andere Welten sind. Es entwickelt sich aber sehr langsam… Gibt es im Werk von Rudolf Steiner ein Buch darüber?

MM: Vor allem in dem 2. und 3. Vortrag in ‚Allgemeine Menschenkunde'.

Wir versuchen also, durch die Weltgedanken, durch die Weltgefühle, die Weltenkräfte hindurch zu dem Willenswesen zu kommen. Wir wollen bewusst schaffend uns hineinfinden. Heute Morgen haben wir das Denken so stark wie möglich angestrengt, damit es leibfrei wird.

Dadurch erlangen wir dann die Kraft, auch das Fühlen in den Inhalt zu bringen. Dadurch löst sich die Sprachkraft los. Dann gibt es noch die Willenskraft, dass man den Inhalt selbst will, dass man selbst strahlend Licht ist und strömende Weisheit, dass man das selbst will.

Und dann löst man sein Willenswesen auch noch aus dem Leib, aus dem Blut los.

Das andere ist dann, dass es auch möglich ist, auch die Beruhigung zu üben. Es sind zwei Seiten der Meditation. Je stärker die Denkkräfte werden und das Denken leibfrei wird, desto leichter wird es, die Schattenmacht ruhig werden zu lassen und den Sinnenschein auszutilgen. Und andererseits, je mehr es gelingt, vor der Meditation gerade diese Ruhe herzustellen und die ganze Welt der Gedanken und Sinneseindrücke ruhig werden zu lassen, desto besser geht wiederum die Denkkonzentration. Die Fähigkeit, den Spruch zu denken, erfährt dadurch eine ungeheure Stärkung. Es ist also ein Pendelschlag. So findet man sich als Willenswesen, als Ich.

Nicht nur, dass man weiß, dass man da ist und wenn man schläft, ist es weg..., sondern da kommt eine Ich-Erfahrung, ein Ich Bin, ein Ich Lebe, und ein Ich Leuchte zustande, dass man zuvor nicht hatte.

Da, in diesem Gebiet, liegt die Ursprünglichkeit des Menschenwesens, da sind wir Brüder, da haben wir dieselbe Abkunft.

Das suchen wir in diesen vier Tagen: die Heimat des Menschenwesens. Die Wesenheiten der Throne haben ihre Wesenheit geopfert, da haben wir unsere Abkunft. Wir werden versuchen, die Heimat zurückzufinden.

Es wird noch darüber gesprochen, wie man in der Entwicklung bis zur Erde die Entwicklung der hierarchischen Wesen verstehen muss.

Wird in der Geheimwissenschaft geschildert von unserem Standpunkt aus? Waren auf Saturn die Throne in der Exusiai- Stufe, während die Archai auf der Stufe der Menschen standen? So, wie auf der Erde der Mensch die Menschheitsstufe erreicht und die Exusiai die Schöpfer sind?

Es wird versucht, zu erklären, wie man es anschauen müsste, nämlich, dass die Throne wirklich die Throne waren und die Archai wirklich die Archai, die aber damals ihre Menschheitsstufe durchmachten, was heißt, dass sie ein Ich haben und davon wissen. Sie waren keine Menschen, aber sie waren Archai, die die Menschheitsstufe durchlaufen haben. Aber in einer ganz anderen Art als der heutige Mensch ein Ich hat und davon weiß. Die Verschiedenheit der Wesensglieder bei den verschiedenen Hierarchien und die Entwicklung während der vier Stufen wäre ein Thema für ein neues Seminar.

# VIERTE STUNDE

Es wäre gut, hier am Abend die Meditation zu tun: ‚Es werde ruhig…', und beim Aufwachen: Im strahlenden Licht…'

Ich werde dann jetzt eine Charakteristik von der ersten Hierarchie geben, die Rudolf Steiner selbst in einem Vortrag gegeben hat. Da sagt er: Wenn man sich ein Empfinden verschaffen will über das Wesen der ersten Hierarchie, dann ist das wie folgt. Man versucht sich vorzustellen, was wesenhaft für die Throne ist. Man bekommt einen guten Eindruck davon, wenn man sich alle Willensbetätigungen der Menschen vorstellt. Nicht nur was der Mensch äußerlich macht, sondern auch was der Leib macht. Der Leib ist ein starker Willenspol. Wenn wir bedenken, wie viel Arbeit innerhalb unseres Leibes geleistet wird – man braucht sich nur die Zirkulation der Säfte vorzustellen, die Bewegung und auch, was an geheimer Physiologie im Leib alles stattfindet, die Bewegung der Stoffe. Wenn man sich das alles vorstellt, dann bekommt man eine Empfindung für die Triebkraft, die die Throne sind. Nicht Triebkraft im niederen Sinne, sondern im höchsten hierarchischen Sinn.

Aber so etwas gibt es dann nicht mehr für die Cherubim. In der Außenwelt ist nichts da, was wir verwenden können als Vorbild für die Vorstellung. Da kommt es vielmehr darauf an, dass wir uns etwas Innerliches vorstellen können. Man kann versuchen sich die Empfindung ins Gemüt zu bringen, die man hat, wenn man einem Menschen begegnet, der eine ganz große, tiefe Erfahrungsweisheit hat. Nun sind in der heutigen Zeit die modernen Menschen wirklich nicht dafür angelegt oder dazu erzogen, um diese Empfindung zu haben. Ein meistens älterer Mensch wird nicht mehr angeschaut als ein Mensch, reich an Erfahrungsweisheit. Man kann es jedoch erwecken. Wenn wir die Anregung ernst nehmen, dann kann man in der Erinnerung bestimmt Menschen finden, bei denen man solche Empfindungen gehabt hat und das ist dann noch etwas ganz, ganz Kleines und Geringes, verglichen mit derjenigen Empfindung, die man haben würde und haben wird, wenn man es mit den Cherubim zu tun hat. Selbst habe ich verschiedene weisen Männer und Frauen in der Erinnerung.

So zum Beispiel zwei Männer, denen ich auch mein erstes Buch geschickt habe - sie haben auch beide darauf geantwortet und in beiden Fällen wurde es eine Freundschaft bis an den Tod.

Der Erste war der in den Niederlanden berühmter Komiker, Clown, Kabarettist Toon Hermans. Ein Clown ohne rote Nase. Er hatte in seinem Humor tiefe Weisheit. Ich habe durch fünf Jahre hindurch sehr oft mit ihm gesprochen, immer beim Lunch, habe nur zugehört, habe selbst nicht viel gesagt. Dieser Mann hatte wirklich eine Erfahrungsweisheit. Die war sehr tief... Wenn man dann bedenkt, dass das etwas Kleines ist, gering, verglichen mit der Weisheit der Cherubim, dann bekommt man eine Ahnung.

Der andere Mann war Hochschullehrer in der inneren Medizin in unserer Studienzeit. Da gab es viele Hochschullehrer in allerlei Fächern. Es war viel Fachwissen da. Aber das ist noch etwas anderes als diese tiefe Erfahrungsweisheit. Dieser Mann aber war überragend in seiner Erfahrungsweisheit. So lief er auch durch die Klinik und wir haben uns damals wirklich gefragt: Wie ist es möglich, dass ein Mensch in einem so äußerlichen Beruf so ist, wie er war. Er war ganz bescheiden und gar nicht gesprächig, aber er war so ein Mensch. In der Erinnerung kann man dann erleben, was eine Lebensweisheit ist.

Eine Weisheit, die nicht nur Wissen ist, aber eine Weisheit, die auch nicht nur innerlich ist: Er hatte sie in seinem Fach verkörpert. Und das ist dann doch wieder etwas Geringes verglichen mit dieser Erhabenheit der Cherubim. Jeder Mensch hat solche Menschen in seinem Leben ... man muss sie nur suchen – in der Erinnerung.

Wenn wir dann noch höher aufsteigen zu den Wesenheiten, die ‚Seraphim' genannt werden, dann können wir uns Menschen vorstellen, die gar nichts zu sagen brauchen, um ihre Lebensweisheit zu spenden. Da ist ihr Blick oder die Anwesenheit ausreichend, um das empfinden zu können. Das ist etwas noch Reiferes, wo überhaupt nichts weiter mehr notwendig ist, weil die erhabene Größe da ganz übergegangen ist in das ganze Dasein des Menschen. Und das ist etwas ganz Kleines und Geringes, verglichen mit der Miene, Geste, dem Ausdruck der Seraphim.

Wenn wir in den kommenden Tagen versuchen werden, diesen Wesen zu begegnen, dann brauchen wir die beiden Arten der Meditation (Es werde ruhig.... und Im strahlenden Licht...), damit wir in ein inneres Erleben hineinkommen, das ganz von allen äußeren Tatsachen frei ist und dann wird es möglich sein, in diese Entsprechungen uns hineinzufühlen, zu wollen.

Es kommt auf den Herzensgrund an. Wir müssen also nicht im Frontalgehirn leben und auch nicht im Sprechen, nicht in dem Raum, nicht in der Zeit, sondern in dem Herzensgrund, wo der Wille wohnt und wo das Bewusstsein davon reifen kann, von demjenigen, der mit Recht zu sich ‚Ich' sagen kann.

Im letzten Jahr habe ich öfters das Gespräch von Walter Johannes Stein mit Rudolf Steiner zitiert, in dem Stein die Frage stellt: „Was wird nach tausenden von Jahren noch übrig bleiben von ihrer Arbeit? "Rudolf Steiner antwortet: „Die Philosophie der Freiheit. Sonst nichts." Dann kommt die Frage, ob in der Philosophie der Freiheit auch schon die Hierarchien bewusst da waren. Die Antwort lautet:

> „Ja, aber ich hatte noch nicht die Möglichkeit, das so auszusprechen. Sie sind also da, aber nicht mit Namen genannt."

Jetzt, da wir nun das dritte Seminar über die Hierarchien haben, können wir sagen: Im ersten Teil der Philosophie der Freiheit haben wir die Angeloi, Archangeloi und Archai kennengelernt. Oder anders herum gesagt: In der dritten Hierarchie finden wir den ersten Teil der Philosophie der Freiheit, wo der Mensch sich bewusst wird, dass er rein denken kann, wo dieses reine Denken auch Kraft werden kann und dass es auch eine Erinnerungsmöglichkeit gibt, die eine gewisse Beständigkeit des Geistes verleiht. Am Ende des ersten Teiles, im Anfang des zweiten Teiles, da findet man die Vermittlungstätigkeit der zweiten Hierarchie, da wo das Gefühlsleben besprochen wird.

Da wird deutlich, dass man den Übergang zu suchen hat von dem reinen, willens-durchdrungenen Denken zu einem Wollen, das Gedanken-getragen ist, getragen durch die lebendigen reinen Gedanken.

Das ist schon ein Übergang: Ob man sich des Denkens, das mit Willen durchsetzt ist, bewusst wird oder ob man die lebendigen Gedanken in den Willen tragen kann, um sie bewusst in die Außenwelt hinein zu lenken. Da werden die Taten zur Verkörperung des Geistes.

Das ist die moralische Intuition, Fantasie und Technik. Da haben wir die Beschreibung der ersten Hierarchie in der Philosophie der Freiheit. Das ist eigentlich so deutlich wie nur etwas sein kann, aber er sagt es nicht, konnte es damals auch noch nicht sagen.

Das sind die beiden tragenden Säulen, worauf die ganze Anthroposophie ruht und die Auswechslung zwischen den Säulen, das ist die zweite Hierarchie. Die gewollten Gedanken einerseits und die Gedanken-durchdrungene Willenstätigkeit andererseits, darauf ruht die Anthroposophie.

In diesen Tagen werden wir diesen zweiten Teil der Philosophie der Freiheit in einer anderen Art kennenlernen: so wie die erste Hierarchie es gibt.

‚In meines Herzens Grunde
Dein Nam‘ und Kreuz allein
Funkelt all Zeit und Stunde,
Drauf kann ich fröhlich sein.
Erschein mir in dem Bilde
Zu Trost in meiner Not,
Wie du, Herr Christ, so milde
Dich hast geblut‘ zu Tod!‘

*Choral aus der Johannes Passion, J.S Bach*

# FÜNFTE STUNDE

Es ist mein Anliegen, zu einem innerlichen Erleben, das man spiritualisiertes Denken nennen kann, anzuleiten. Ein spiritualisiertes Denken, das zuerst erlebt werden kann als ein einheitliches Geistiges, eine starke lebendige Entwicklung der Denktätigkeit, aber undifferenziert in erster Linie; dass dann dieses spiritualisierte Denken, das eine Tatsache ist, sich gliedern kann in eine immer mehr differenzierte geistige Welt. In diesem Sinn haben wir dann diesmal hier das Thema:

Die Spiritualisierung des Denkens und die erste Hierarchie.

Ich möchte mit euch versuchen, in dem spiritualisierten Denken die erste Hierarchie gewahr zu werden. Mit der Klarheit des Denkens, das dann zwar ein ganz anderes Denken geworden ist, aber immer die Klarheit beibehält.

Ich komme dann immer wieder auf dieselben Zitate von Rudolf Steiner zurück. Obwohl es zahllose Zitate gibt, gibt es Perlen dazwischen, die noch perliger sind als die andere Perlen, wo er ganz deutlich ausspricht, dass das spiritualisierte Denken ganz zusammenfällt mit der Wirklichkeit der Anschauung des Denkens und dann aktuell. Ich habe in meinem Buch ‚Das Tor zu geistigen Welt' viele Zitate zusammengebracht in der Hoffnung, zeigen zu können, dass eine aktuelle Anschauung der Denktätigkeit für Rudolf Steiner eine Selbstverständlichkeit gewesen ist und dass er sogar daraus seine Geisteswissenschaft entfaltet. Das spricht er hier und dort ganz deutlich aus. Wenn also der Anthroposoph festhält an dem dritten Kapitel der Philosophie der Freiheit – dass es nie möglich sein wird, dass die Denktätigkeit aktuell während der Denktätigkeit - angeschaut wird – dann hat der Anthroposoph etwas Wichtiges überlesen, nämlich, dass Rudolf Steiner hier von dem gewöhnlichen, alltäglichen Denken spricht. Das bedeutet, dass man, wenn man daran festhält, das Tor zur geistigen

Welt nicht nur schließt, sondern es auch mit Riegeln verschließt, obwohl dieses Tor gerade Scharniere bekommen hatte, um sich zu öffnen. Es ist traurig, wenn das eine feste Überzeugung wird, dass es dem Menschen nie vergönnt sein wird, seine Denktätigkeit anzuschauen im Augenblick der Tätigkeit selbst. Dazu habe ich dann alle Zitate, die ich in der Erinnerung finden konnte, in diesem Buch, das dadurch einen polemischen Charakter hat, zusammengetragen – weil ich wirklich böse darüber bin, dass diese Riegel auf dem Tor der geistigen Welt befestigt sind. In der letzten Zeit habe ich immer wieder ein Zitat vorgelesen aus meinem Büchlein ‚Anschauen des Denkens'. Es gibt darin zwei Zitate von Rudolf Steiner und das sind solche Perlen:

mathematisch klare Beweise, dass es für Rudolf Steiner selbst so gewesen ist, dass diese Kategorie des Erkennens, die denkende Anschauung der Denktätigkeit, gerade dieses Öffnen des Tors zur geistigen Welt bedeutet.

Wir müssen uns mit Willen in diesen Punkt versetzen wollen und dann in diesem Wollen, wenn wir bewusst genug sind, die tragende gnadenvolle Tätigkeit der Throne gewahr werden. Aber nicht nur das, es liegt darin die Möglichkeit, die Ich-Erfahrung, die man hat, wenn man zu der Anschauung der Denktätigkeit kommt, die etwas Punktuelles ist, dass diese nicht nur größer wird, sondern dass darin ein Innenleben entsteht. Das wurde von Christus verkündet und er stößt da auf Unverständnis, weil die Menschen nicht verstehen, dass es hier nicht um etwas Physisches geht, sondern um etwas Geistiges.

Ich meine das 3. Kapitel im Johannes Evangelium, die Begegnung mit Nikodemus.

Es gibt eine wunderbare Entsprechung mit der Embryologie. Es gibt den Keim des physischen Leibes, wo Eizelle und Samen zusammenzuwachsen anfangen. Das wird in der Saturnentwicklung so etwas, wie von Rudolf Steiner in der Geheimwissenschaft beschrieben,wie eine Brombeere, ein massives Zellengewebe. Damit kann man die initiale Ich-Erfahrung vergleichen, etwas ‚Massives', das Keim ist, aber das keinen Innenraum hat. Nur das Bewusstsein Ich Bin ist da, sonst nichts.

Wer Ich Bin war, wohin ich gehe, was um mich herum ist – das alles gibt es nicht. Nur Ich Bin. In der Embryologie tritt dann eine Einstülpung in der Morula ein, dann entsteht die Blastula und dann schließt das offene Dach sich und man hat eine Tuba, ein Zellengewebe mit Innenraum.

Das Ich erlangt auch einen Innenraum. Das ist die Wirksamkeit der Throne, damit wir auch ein Innenleben haben, dass wir von innen wissen: Ich Bin und nicht nur anschauend. Das kann man in sich selbst auch untersuchen. Im gewöhnlichen reflektierten Ich kann man suchen nach: Was ist dies eigentlich? Wo liegt das Ichgefühl, bin ich eins damit?

Kommt man aber zu der Ich-Erfahrung im spiritualisierten Denken, dann ist es immer noch so, dass nicht unmittelbar eine Innerlichkeit da ist. Zuerst ist es etwas Punktuelles. Die Throne geben das aber. Wir machen eine zweite Geburt durch, eine tatsächliche Geburt des Ich aus dem Ich, es wird das geistige Ich geboren und Christus spricht darüber mit Nikodemus.

Johannes 3, 1-11:

‚Es war aber ein Mensch unter den Pharisäern mit Namen Nikodemus, ein Oberster unter den Juden. Der kam zu Jesu bei der Nacht und sprach zu ihm: Meister, wir wissen, daß du bist ein Lehrer von Gott gekommen; denn niemand kann die Zeichen tun, die du tust, es sei denn Gott mit ihm. Jesus antwortete und sprach zu ihm: Wahrlich, wahrlich, ich sage dir:

Es sei denn, daß jemand von neuem geboren werde, so kann er das Reich Gottes nicht sehen.

Nikodemus spricht zu ihm: Wie kann ein Mensch geboren werden wenn er alt ist? Kann er auch wiederum in seiner Mutter Leib gehen und geboren werden? Jesus antwortete: Wahrlich, wahrlich ich sage dir: Es sei denn daß jemand geboren werde aus Wasser und Geist, so kann er nicht in das Reich Gottes kommen. Was vom Fleisch geboren wird, das ist

Fleisch; und was vom Geist geboren wird, das ist Geist. Laß dich‘s nicht wundern, daß ich dir gesagt habe: Ihr müsset von neuem geboren werden. Der Wind bläst, wo er will, und du hörst sein Sausen wohl; aber du weißt nicht, woher er kommt und wohin er fährt. Also ist ein jeglicher, der aus dem Geist geboren ist.

Nikodemus antwortete und sprach zu ihm: Wie mag solches zugehen?

Jesus antwortete und sprach zu ihm: Bist du ein Meister in Israel und weißt das nicht? Wahrlich, wahrlich ich sage dir: Wir reden, was wir wissen, und zeugen, was wir gesehen haben; und ihr nehmt unser Zeugnis nicht an. Glaubet ihr nicht, wenn ich euch von irdischen Dingen sage, wie würdet ihr glauben, wenn ich euch von himmlischen Dingen sagen würde? Und niemand fährt gen Himmel, denn der vom Himmel herniedergekommen ist, nämlich des Menschen Sohn, der im Himmel ist.

Und wie Mose in der Wüste eine Schlange erhöht hat, also muß des Menschen Sohn erhöht werden, auf dass alle, die an ihn glauben, nicht verloren werden, sondern das ewige Leben haben. Also hat Gott die Welt geliebt, daß er seinen eingeborenen Sohn gab, auf daß alle, die an ihn glauben, nicht verloren werden, sondern das ewige Leben haben. Denn Gott hat seinen Sohn nicht gesandt in die Welt, daß er die Welt richte, sondern daß die Welt durch ihn selig werde.

Wer an ihn glaubt, der wird nicht gerichtet; wer aber nicht glaubt, der ist schon gerichtet, denn er glaubt nicht an den Namen des eingeborenen Sohnes Gottes. Das ist aber das Gericht, daß das Licht in die Welt gekommen ist, und die Menschen liebten die Finsternis mehr als das Licht; denn ihre Werke waren böse. Wer Arges tut, der haßt das Licht und kommt nicht an das Licht, auf daß seine Werke nicht gestraft werden. Wer aber die Wahrheit tut, der kommt an das Licht, daß seine Werke offenbar werden; denn sie sind in Gott getan.‘

Es gilt noch immer, und wir hören diese Stimme jetzt, und suchen die Wiedergeburt.

Ich trage zuerst einiges zusammen und dann werden wir daraus hoffentlich die Kraft schöpfen, um die Meditation so zu verstärken, dass dieses Willensgebiet eine Wirklichkeit in unserer Erfahrung werden wird.

Rudolf Steiner beschreibt diese Wiedergeburt wie folgt in ‚Goethes Weltanschauung':

‚Zu der unmittelbaren Anschauung des Befreiungsaktes hat es aber Goethe nie gebracht. Diese Anschauung kann nur derjenige haben, der sich selbst in seinem Erkennen belauscht. Goethe hat zwar die höchste Erkenntnisart ausgeübt; aber er hat diese Erkenntnisart nicht an sich beobachtet.

Gesteht er doch selbst:

«Wie hast du's denn so weit gebracht?
Sie sagen, du habest es gut vollbracht!»
Mein Kind! ich hab' es klug gemacht,
Ich habe nie über das Denken gedacht.
Aber so wie die schöpferischen Naturkräfte «nach tausendfältigen
Pflanzen» noch eine machen, worin «alle übrigen enthalten»
sind, so bringen sie auch nach tausendfältigen Ideen
noch eine hervor, worin die ganze Ideenwelt enthalten ist.'

Er schließt hier an bei Goethe und sagt, die ganze Welt der Pflanzen ist eine Verkörperung von einer Idee. Diese Idee wächst selbst nicht, aber sie ist die Idee wonach alle Pflanzen wachsen. Das ist die Urpflanze, die alle übrigen enthält.

Diesen Gedanken führt Rudolf Steiner dann weiter zu der Welt der Ideen.

‚Und diese Idee erfaßt der Mensch, wenn er zu der Anschauung der andern Dinge und Vorgänge auch diejenige des Denkens fügt.'

Wir waren da schon als Menschen, wir schauten schon die ganze

Welt an, aber eines wurde uns entzogen und das ist das Denken selbst.
Und diese eine Idee, die alle anderen Ideen in sich enthält, die schaut der Mensch an, wenn er zu der Anschauung der andern Dinge und Vorgänge auch diejenige des Denkens fügt.

‚Eben weil Goethes Denken stets mit den Gegenständen der Anschauung erfüllt war, weil sein Denken ein Anschauen, sein Anschauen ein Denken war: deshalb konnte er nicht dazu kommen, das Denken selbst zum Gegenstande des Denkens zu machen.'

Wir müssen fühlen, was das für ein Erleben ist. Wir wollen dies immer wieder machen, dass wir uns gestellt fühlen in eine Welt von Erfahrung und Idee und dass eine ganze Welt sich unserer Aufmerksamkeit entschlüpft und das ist die Welt des Denkens selbst. Goethe war ein so begnadeter Naturwahrnehmer, dass seine ganze Anschauungskraft, seine ganze Denkkraft, sich ausgegossen hat in die Wahrnehmung der Natur, dass er nicht mehr dazu gekommen ist und das auch nicht wollte, das Denken selbst anzuschauen.

‚Die Idee der Freiheit gewinnt man aber nur durch die Anschauung des Denkens. Den Unterschied zwischen Denken über das Denken und Anschauung des Denkens hat Goethe nicht gemacht. Sonst wäre er zur Einsicht gelangt, daß man gerade im Sinne seiner Weltanschauung es wohl ablehnen könne, über das Denken zu denken, daß man aber doch zu einer Anschauung der Gedankenwelt kommen könne.'

Das ist der Verstand, der seine ‚Denkhände' nicht zu Hause halten kann und dann da, wo es überhaupt nicht notwendig ist, zu denken, dann doch zu denken anfängt – und das ist, wenn das Denken sich selbst anschaut. Dann braucht es nicht zu denken, denn es ist der Denker, der anschaut. Es ist das Denken, das angeschaut wird.

Da würde eine teuflische Verdoppelung auftreten, wenn man dann das Denken noch in der gewöhnlichen Art einsetzen wollte, um das Denken zu verstehen. Denn man kann denken, gerade weil man es versteht, nur ist man sich dessen nicht bewusst. Man muss aber nicht denken wollen über das Denken, das heißt, nicht Theorien bilden über das, was Denken eigentlich ist, das war *Goethe* zu Recht zu wider.

Er hat nicht über das Denken nachgedacht. Das muss man auch wirklich nicht wollen.

Die Anschauung des Denkens ist gleichartig der Art, wie Goethe die Natur angeschaut hat. Er hatte eine denkende Anschauung oder ein anschauendes Denken. Wir sind natürlich auch bewusst in unseren Gedanken, sonst würden wir nicht wissen, wo wir sind usw., aber das weitergeführt, das wird das Goethesche gegenständliche Denken, das Denken, das in der Anschauung denkt. So ist er zu der umfassenden Idee der Pflanzenwelt gekommen. Man kann sich vorstellen, wenn man ein Mensch ist, der mit seinem ganzen Wesen mit der Natur mitfühlt, anschauend mitdenkt – dass es dann etwas Widerliches ist, über das Denken denken zu wollen. Hätte er aber dieselbe Bewegung gemacht, wie er nach außen schon machte, sie nach innen hätte entfalten können, dann würde er es nicht so schlimm gefunden haben.
Aber das hat er nicht gemacht.

‚An dem Zustandekommen aller übrigen Anschauungen ist der Mensch unbeteiligt.'

Stellen wir uns das vor. Wir sind in einer Welt der Schöpfung und alles Geschaffene in dieser Welt ist da, wir sind am Schaffen unbeteiligt.

‚In ihm leben die Ideen dieser Anschauungen auf. Diese Ideen würden aber nicht da sein, wenn in ihm nicht die produktive Kraft vorhanden wäre, sie zur Erscheinung zu bringen.'

Um uns herum eine Welt, die außer unserer Beteiligung geschaffen ist, in uns eine produktive Kraft, die Ideen zur Erscheinung bringt.

‚Wenn auch die Ideen der Inhalt dessen sind, was in den Dingen wirkt;'

Da könnte man erwidern: Die Ideen sind doch auch ohne unsere

Beteiligung in den Dingen darin. Das ruft Rudolf Steiner hier auf:

‚zum erscheinenden Dasein kommen sie durch die menschliche Tätigkeit. Die eigene Natur der Ideenwelt kann also der Mensch nur erkennen, wenn er seine Tätigkeit anschaut. Bei jeder anderen Anschauung durchdringt er nur die wirkende Idee; das Ding, in dem gewirkt wird, bleibt als Wahrnehmung außerhalb seines Geistes. In der Anschauung der Idee ist Wirkendes und Bewirktes ganz in seinem Innern enthalten.'

Wenn ich die Idee in Erscheinung bringe, dann ist diese Idee bewirkt, aber sie wirkte auch, denn ich brachte sie in Erscheinung.

‚Er hat den ganzen Prozeß restlos in seinem Innern gegenwärtig. Die Anschauung erscheint nicht mehr von der Idee hervorgebracht; denn die Anschauung ist jetzt selbst Idee. Diese Anschauung des sich selbst Hervorbringenden ist aber die Anschauung der Freiheit. Bei der Beobachtung des Denkens durchschaut der Mensch das Weltgeschehen. Er hat hier nicht nach einer Idee dieses Geschehens zu forschen, denn dieses Geschehen ist die Idee selbst. Die sonst erlebte Einheit von Anschauung und Idee ist hier Erleben der anschaulich gewordenen Geistigkeit der Ideenwelt. Der Mensch, der diese in sich selbst ruhende Tätigkeit anschaut, fühlt die Freiheit. Goethe hat diese Empfindung zwar erlebt, aber nicht in der höchsten Form ausgesprochen. Er übte in seiner Naturbetrachtung eine freie Tätigkeit; aber sie wurde ihm nie gegenständlich. Er hat nie hinter die Kulissen des menschlichen Erkennens geschaut und deshalb die Idee des Weltgeschehens in dessen ureigenster Gestalt, in seiner höchsten Metamorphose nie in sein Bewußtsein aufgenommen. Sobald der Mensch zur Anschauung dieser Metamorphose gelangt, bewegt er sich sicher im Reich der Dinge. Er hat in dem Mittelpunkte seiner Persönlichkeit den wahren Ausgangspunkt für alle Weltbetrachtung gewonnen. Er wird nicht mehr nach unbekannten Gründen, nach außer ihm liegenden Ursachen der Dinge forschen; er weiß, daß das höchste Erlebnis, dessen er fähig ist, in der Selbstbetrachtung der eigenen Wesenheit besteht.

Wer ganz durchdrungen ist von den Gefühlen, die dieses Erlebnis hervorruft, der wird die wahrsten Verhältnisse zu den Dingen gewinnen. Bei wem das nicht der Fall ist, der wird die höchste Form des Daseins anderswo suchen, und, da er sie in der Erfahrung nicht finden kann, in einem unbekannten Gebiet der Wirklichkeit vermuten.

Seine Betrachtung der Dinge wird etwas Unsicheres bekommen; er wird sich bei der Beantwortung der Fragen, die ihm die Natur stellt, fortwährend auf ein Unerforschliches berufen. Weil Goethe durch sein Leben in der Ideenwelt ein Gefühl hatte von dem festen Mittelpunkt innerhalb der Persönlichkeit, ist es ihm gelungen, innerhalb bestimmter Grenzen im Naturbetrachten zu sicheren Begriffen zu kommen.

Weil ihm aber die unmittelbare Anschauung des innersten Erlebnisses abging, tastet er außerhalb dieser Grenzen unsicher umher.‘

Wenn die Spiritualisierung des Denkens erlebte Tatsache geworden ist, dann liest man in einem solchen Text eine eigene Erfahrung. Wenn nicht, dann muss man jedes Mal sehr viel Mühe aufbringen, um zu verstehen, was da eigentlich gesagt wird. Es geht aber darum und das kommt z. B. im 7. Kapitel der Philosophie der Freiheit ganz deutlich nach vorne, dass der Mensch hineingestellt ist in eine Welt, die er durch Wahrnehmung aufnimmt und dasjenige, was durch Wahrnehmung aufgenommen worden ist, ist außerhalb von ihm geschaffene Welt. Aber dadurch, dass in ihm eine produktive Kraft lebt um die zu den Dingen gehörenden Ideen in Erscheinung zu bringen, dadurch ist auch etwas ganz innerlich tätig Lebendiges in der Welt vorhanden und da ist der, der sich selbst erkennen kann als dasjenige Wesen, das in sich hervorbringt, was Idee der geschaffenen Welt ist. Während er das tut, schafft er zugleich sein eigenes Ich. Das steht hier nicht, aber das kann man finden, dass das so ist.

Eine von Gott geschaffenen Welt um uns herum und in uns eine Möglichkeit, die dazu gehörenden Ideen hervorzubringen, dann ist der Mensch schöpferisch tätig. Das Wunderbare ist, dass er da etwas schafft, was im Schaffen zugleich geschaffen ist, aber auch durchschaut ist, denn man kann nicht eine Idee hervorbringen, die man nicht durchschaut hat. Das ist der Punkt, worum es geht, und da liegt die Quelle der Wiedergeburt des Geistes, was in uns selbst bewusst erfasst werden muss.

Es geschieht fortwährend, aber viele Menschen erkennen überhaupt wenig, die sind mehr mit dem äußerlichen Leben befasst. Wenn sie einmal einen Beruf haben, dann haben sie da ihre Rätsel, aber dann wird die Erkenntnistätigkeit weiter nicht mehr aktiv eingesetzt. Wenn man ein Studium der Geisteswissenschaft macht, dann bringt man fortwährend Ideen hervor und es sollte nicht so schwierig sein, dieser Hervorbringung der Idee bewusst zu werden. Eine Steigerung ist die Meditation, denn da bringt man die Idee nicht an Hand von der äußerlichen Welt hervor, sondern man bringt Ideen hervor, die ganz von der erscheinenden Wirklichkeit losgelöst und ganz auf sich gestellt sind.

Das ist eine Steigerung der produktiven hervorbringenden Kraft.

Wir könnten da die Einsicht verlieren – oder nie gehabt haben – die hier beschrieben wird, wodurch der Mensch in dem ‚Mensch erkenne dich selbst', sich selbst erkennt in dem Wesen, das die Möglichkeit hat, schöpferisch tätig zu sein und das während des Schaffens schon durchschaut hat, was er schafft. Da sind wir ganz nahe dem Göttlichen. Das entzieht sich der Anschauung.

Die erste Anschauung des Christus ist die des Denkens.

Wenn man die allumfassende tätige Ideenpotenz seines Menschseins anschaut, dann schaut man den wirkenden Logos in einem an. Da wird man ganz von dem Erleben durchzogen: Nicht ich denke, sondern der Christus denkt in mir, aber ich bin ganz mit diesem denkenden Wesen eins, ich bin nicht nichts.

Oder: Man schaut sein ganz in die Schöpfung ausgegossenes Wesen an, das die Fähigkeit hat, Zusammenhänge zu sehen, Begriffe zu fassen … das ganz im Kleinen zuerst, aber das wächst.
Es wird gefragt, wie in der Vergangenheit die Stelle von der Wie-

dergeburt im Johannes Evangelium aufgefasst werden muss, als die Möglichkeit der Anschauung des Denkens noch nicht da war.

Dann muss man in die Kirche gehen und dann erleben, wie man das aufgefasst hat. In den ersten Jahrhunderten hat man es noch so aufgefasst, wie wir das jetzt versuchen, aber dann mehr auf den Auferstehungsleib bezogen. Man kann viel lernen von Paulus, der darüber so spricht, dass man das staunend aufnehmen kann. Dass es in der Zeit schon so formuliert werden konnte, obwohl alles sehr kurz gesagt wird, nicht weit ausgeführt. Da finden wir die Entsprechung, aber er hatte die unmittelbare Anschauung des Auferstandenen – wir ‚nur' die Anschauung des tätigen Denkens vorerst.

Teilnehmer: Man muss auch denken an den Kultus, wo durch Jahrhunderten hindurch den Gläubigern die Monstranz gezeigt wurde, eine strahlende Hostie, in einem Strahlenkranz hochgehoben.

Das ist Imagination für die Auferstehung des materiellen Leibes in den geistigen Leib. Die Gläubigen nahmen das als Bild auf, ohne zu wissen, was es genau darstellt. Rudolf Steiner hat beschrieben, wie er in der Kirche beim Sakrament der Transsubstantiation eine wirkliche Vergeistigung wahrgenommen hat, dass das also eine Tatsache ist.

Die Gläubigen nehmen das dann auf, bei jeder Kommunion. In der katholischen Kirche gab es einen Streit: Muss man da nur ein Bild annehmen, eine Symbolik oder ist es eine Realität und was wird dann eigentlich Realität. Die Verwandlung in den Leib Christi findet wirklich statt, aber natürlich nicht so, dass das Brot Fleisch wird.

Und für Rudolf Steiner wird dann die Erkenntnis eine Kommunion: jedes Mal, wenn eine Idee in der Wirklichkeit erfasst wird, empfängt der Mensch die Kommunion – die Natur, verwandelt in den Leib Christi. Durch die Anthroposophie bekommen wir fortwährend die Kommunion, weil wir Ideen erfassen dürfen, die mit der wahren Wirklichkeit zu tun haben. Wenn man eine Einsicht hat, dann kann man das auch spüren: Einsicht, wirkliche Einsicht wirkt beseligend.

Teilnehmer: Dann gab es im Mittelalter noch die Gralsbewegung, das ist auch ein Streben nach einer Wiedergeburt, so wie das früher möglich war. Das Enthüllen des Grals ist auch ein Zeigen der Monstranz, aber dann auf eine bewusste Weise. Jetzt muss es im Denken stattfinden, damals war es noch die Verstandesseele.

In der Vortragsreihe über die spirituelle Ökonomie beschreibt Rudolf Steiner die Vervielfältigung der Wesensglieder von Jesus. Der Ätherleib wurde vervielfältigt und zum Beispiel Augustinus bekam davon einen Abdruck; der Astralleib wurde vervielfältigt und wurde zum Beispiel dem Franz von Assisi, dem Thomas von Aquin und der Elisabeth von Thüringen geschenkt; der Abdruck des Ich wurde zum Beispiel an Meister Eckhart geschenkt und auch an Parzival. Das hat zu tun mit dieser Bewusstwerdung der Ich-Tätigkeit als Denker, das Schaffen innerhalb von der Idee.

Teilnehmer: Die Taufe war das Zeichen für die völlige moralische innerliche Umkehr. Die Taufe wurde dann auch als wirkliche Neugeburt erlebt. Das Ablegen-Können des Alten.

Seit Rudolf Steiner finden wir diese moralische Umkehr im Bereich der Freiheit, gleichsam eine neue Neugeburt.

Was Christus zu Nikodemus sagt, über das Sausen und Brausen und über den Wind, hat damit zu tun, dass der Ätherleib in Zukunft bewusstes Erkenntnis-Organ werden wird, wo eine viel größere Aktivität entfaltet wird in der Erkenntnis als in alten Zeiten. Das ist die Wiedergeburt, die wir jetzt suchen: ein Sturm der innerlichen Aktivität, ein Licht-Spenden, worin die Weisheit strömt, die dann von uns als Erkennenden erfasst werden kann. Wir finden ähnliche Erlebnisse beschrieben, vom Brausen und Sausen am Anfang der Apokalypse und auch im Anfang der Erzählung ‚Die chymische Hochzeit von Christian Rosencreutz'. Nachdem die Hauptfigur viele, viele, viele Jahre gearbeitet hat, nach der Kraft eines ‚leiblichen Gesichts', eine reale Vision, wird diese Wirklichkeit und dies wird auch so beschrieben.

Wenn man von dem toten Denken zu einem lebendigen Denken erweckt wird, dann braust und saust es, man weiß nicht, woher das kommt und wohin das geht. Das Bewusstsein wird immer stärker, aber bei der Geburt weiß man zuerst nur: es ist da!

Heute haben wir also die erste bewusste Erfahrung im Geiste:

Ich Bin! Wir werden versuchen zu dem Punkt zu gelangen, wo das Ich Bin quillt. Dann brauchen wir auch ein gewisses Wissen, damit wir nicht nur da sind, sondern auch wissen, was das ist, dass wir da sind. Dafür brauchen wir das Studium – immer wieder. Man kann sagen: Es wird sich von selbst schon klären - aber das wäre Hochmut, meine ich, denn man muss dasjenige, was an Erkenntnis schon vorhanden ist, in Dankbarkeit zu sich nehmen. Die Erfahrung und die Einsicht bleiben trotzdem ur-eigen, die können nie von außen kommen, können nur von außen angeregt werden.

# SECHSTE STUNDE

Eine Steigerung von demjenigen was ich zuvor vorgelesen habe, steht in ‚Anthroposophie, ihre Erkenntniswurzel und Lebensfrüchte', GA 78.[1] Dies ist ein Buch, das ich gerne empfehle, hilfreich für die Meditation und innerliche Entwicklung.

‚Im Naturbeobachten lehnt man sich an die äußere Sinneserfahrung an. Man entwickelt der Sinneserfahrung entgegen die menschliche Gedankenwelt, den Inhalt des Denkens, und es ergibt sich als die wahre Wirklichkeit dasjenige, was sich zusammenfügt aus dem einseitigen Erfahrungsinhalte der Außenwelt und dem einseitigen Inhalte des Denkens. Man ergänzt dasjenige, was, wie ich gestern sagte, als eine halbe Wirklichkeit dem Menschen durch seine Organisation entgegentritt. Man kann, wenn man diese Freiheit erfassen will, die ja ein unmittelbar mit dem Menschen identisches Erlebnis ist, nicht an Äußeres sich anlehnen. Man muß das Denken selber verbinden mit demjenigen, was man, ich möchte sagen, in dem Prozesse seines Ichs ist. Man muß dasjenige anschauen, was in der Freiheit vor einem steht, aber indem man anschaut, muß man zu gleicher Zeit das Denken entwickeln, wie man es sonst an den Erscheinungen der äußeren Natur entwickelt.

Was Goethe so gefallen hat, als Heinroth sein Denken ein gegenständliches genannt hat, das muß auf einer noch höheren Stufe zutage treten, wenn man die Offenbarung der Freiheit erfassen will, denn Goethe verband sein Denken mit dem Äußerlich-Sinnlichen der pflanzlichen Welt. Da gelang es ihm, das Denken untertauchen zu lassen in das Objekt, mit dem aktiven Denken in dem Objekt selbst drinnen zu leben; aber das Objekt blieb passiv. Will man dieses, wenn ich es da noch so nennen darf, gegenständliche Denken auf die Frei-

[1] S. 49 ff.

heit anwenden, dann muß man ein Übersinnlich-Geistiges, das im Menschenseelenweben in fortwährender Tätigkeit ist, noch auf eine viel innigere Weise durchdringen mit der Aktivität des Denkens. Man muß nicht ein Äußerliches, man muß dasjenige, was in einem selber sich entwickelt, mit der Aktivität des Denkens durchdringen.

Dadurch aber reißt sich das, was nun Inhalt des Denkens wird, los von einem jeglichen Haften an einem Objekt im gewöhnlichen Sinne. Was hier das Denken vollzieht, es wird selber ein Akt der Befreiung. Es hebt sich das Denken, indem es nicht inhaltlos wird, sondern gerade indem es angefüllt ist mit dem intimsten Fließen des Menschenwesens selbst, herauf zu einem freien Flusse, der das eine aus dem andern hervorströmen läßt. Es erfüllt sich der Seeleninhalt mit etwas, das er selber erzeugt und das in seiner Erzeugung zu gleicher Zeit objektiv ist. Der Geist naturwissenschaftlicher Denkungsweise ist heraufgetragen in das Aufsuchen der dem Menschen wichtigsten Seelenresultate.

Damit aber war für das Gebiet, das dem Menschen als ethisches, als sittliches Wesen zugrunde liegt, die geisteswissenschaftliche Methode geltend gemacht, und diese besteht in nichts anderem als in dem Erleben eines Inhalts, der da ist, wenn das menschliche Seelenleben sich losreißt von dem Haften an einem äußeren Objekte. Und wenn die Seele dann noch etwas erleben kann, dann ist das Erlebnis ein übersinnliches. Qualitativ ist dasjenige, was da erstrebt worden ist als seelische Beobachtungsresultate, nichts anderes, als was später von mir geltend gemacht worden ist mit Bezug auf die Erforschung der verschiedenen Gebiete der übersinnlichen Welten. Man wird durch dasjenige, was später geltend gemacht worden ist, allerdings in andere Gebiete geführt als diejenigen, die dem Menschen zunächst im gewöhnlichen Leben vorliegen; aber man verfährt mit Bezug auf das Innerste der Seelenverfassung auch für diese übersinnlichen Gebiete nicht anders, als man zu verfahren hat, wenn man das Wesen der menschlichen Freiheit untersucht, so daß man eine wirkliche Erkenntnis dieses Wesens erhält. Man beschränkt den Gegenstand der Untersuchung zunächst auf den Menschen als freies Wesen innerhalb der physischen Welt, aber dieses freie Wesen wurzelt in einem Übersinnlichen. Man bewegt sich in den Freiheitsuntersuchungen in einem Strom übersinnlicher Forschung. Wer dann in vollem Sinne ernst nimmt, was er da eigentlich tut, was da eigentlich in ihm geschieht, indem er sich in diesem Strom übersinnlicher Forschung bewegt, bei dem bietet sich nach und nach selbst der Weg, dasjenige, was er nun angewendet hat behufs Untersuchung der menschlichen Freiheit, auch für weitere Gebiete anzuwenden. Und eines tritt für ihn hervor aus solchen Untersuchungen mit einer deutlich sprechenden Notwendigkeit: daß der Mensch, wenn er sich nur nicht durch naturwissenschaftliche Vorurteile den Weg zur Freiheit verdunkelt, wenn er unbefangen dasjenige im Freiheitswesen untersucht, was ihm im alleralltäglichsten Leben vorliegt, daß der Mensch dazu kommt, wenigstens zunächst für dieses Gebiet anzuerkennen, daß er imstande ist, sich in seinem inneren Seelenleben loszureißen von der Leiblichkeit, die sonst das Werkzeug des Denkens ist, weil diese Leiblichkeit eben gerade das liefern muß, was die äußere Beobachtung bietet, zu der dann der Gedanke als die Ergänzung hinzutritt. Und man weiß, was übersinnliche Forschung ist, wenn man in richtiger Weise geforscht hat über das Freiheitsproblem'.

Man steht in dem Geiste dieser Forschung schon drinnen, der dann auch hinaufführt in die Höhe der übersinnlichen Welt.

Wir werden dies nun durch Übung versuchen. Wenn wir die Übung von gestern Morgen zurückrufen, dann haben wir drei Tätigkeiten mit einem Satz entfaltet:

*Im strahlenden Licht lebt strömende Weisheit.*

Wenn wir den Satz aktiv denken, dann lehnen wir nicht an Äußerliches an. Das ist deutlich. Der Satz gibt uns die Möglichkeit, etwas zu denken, das mit der gewöhnlichen sinnlichen Wahrnehmung nicht zusammengehen kann, und wenn wir das *aktiv konzentriert denken*, dann reißt sich das Denken los von dem physischen Leib.

Wenn wir dann weiter gehen und versuchen, die Inhalte in diesem Satz auch mit dem *Fühlen* zu durchweben, dann verlieren wir die Worte, die brauchen wir dann nicht mehr, und dadurch wird die Sprachkraft, die normalerweise mit dem Kehlkopf zusammenhängt, leibfrei.

Wenn wir dann mit dem *Willen* diesen Inhalt auch wirklich wollen – das bedeutet, dass wir selbst als Licht strahlen wollen und in diesem strahlenden Licht zu gleicher Zeit auch noch die strömende Weisheit sein wollen, uns  damit wollend identifizieren, dann wollen wir den Inhalt. Dann lösen wir uns auch noch aus dem Blut los und sind dann ganz von dem physischen Leib frei geworden.

Wenn wir es kräftig genug gemacht haben, dann haben wir eine sehr starke innerliche Tätigkeit in uns, und wir können dann das, was noch Bild ist, was noch mit dem *Inhalt* des Satzes zusammenhängt, ganz versuchen zu *vergessen* so, dass nur *noch die Kraft* der vorangegangenen Tätigkeit übrigbleibt. Zuerst haben wir alle unseren Kräften dazu aufgebracht den Inhalt hervorzubringen und dann muss eine geheimnisvolle Wesenheit, die das hervorgebracht hat, dies auch wiederum unterdrücken, vergessen. Man kann sich dann schon logisch vorstellen, dass es wohl ein anderer Teil dieser Wesenheit sein muss, der dies wiederum vergessen kann. Wenn wir das zustande bringen, dann ist das Bewusstsein ganz leer geworden, aber man ist selbst doch nicht weg. Das ist eine wesentliche Erfahrung.

Bis dahin können wir jetzt gehen und wenn wir das gemacht haben, dann können wir die Entsprechung erleben mit der Meditation von gestern Mittag, wo die Bitte war, dass die Gedankenschattenmacht ruhig werden würde in den Seelentiefen und damit dann auch der Sinnenschein ausgetilgt werden würde. Das ist dann jetzt geschehen.

Wenn wir dann so ganz leer im Bewusstsein geworden sind, dann sind wir wirklich am Rande des Schlafes oder vielleicht darin – dann ist es zu weit gegangen. Dann kommt auch der zweite Schritt zustande.

Wenn wir dann noch weiter gehen und auch noch *die Kraft* vergessen, dann ist dieses Wesen, das dies alles zustande bringt, das Reifen des Willens im Herzensgrund, das des Geistes Samen als Eigenwesen fühlt.

So ist die Mittagsmeditation von gestern eine geistige Folge der Morgenmeditation von gestern, aber man kann es immer auch umkehren und die Zweite zum Ersten machen, damit man besser, reiner anfängt.

Teilnehmerin: Wie soll ich es auffassen, dass mein Ich, das Ich der Throne ist?

Wenn wir wirklich in unserem geistigen Ich darin sind, in dieser Quelle und uns mit dem Bewusstsein darein versetzen können, dann sind wir erst recht Ich, aber zu gleicher Zeit sagen wir: Wir verdanken es den Thronen, es ist auch *ihr* Ich. Es ist ihre Kraft und trotzdem sind wir es selbst. Das ist die tragende Gewalt, die die Throne haben, dass sie auch ursprünglich ihre Wesenheit geopfert haben, dass wir unsere physische Grundlage bekommen haben. Das wird in der Neugeburt, in der Wiedergeburt in gewissem Sinn wiederholt, dass wir wiederum das Tragende, das mehr Geistig-Leibliche fühlen als Throne.

Zugleich ist das die Ich-Bin Erfahrung, das muss man sich bewusst werden, dass das Ich, das meine Individualität ist, dass das zugleich auch die ‚ihrige' ist. Es bedeutet nicht, dass ich nicht bin, dass ich nicht individuell sein würde.

Es wird gefragt, ob man eine Kraft ‚vergessen' kann, weil es kein Denken mehr ist.
Aber das tun wir im gewöhnlichen Leben auch, dass wir Dinge nicht mehr gewahr werden. Es wird gemeint: man kann seine Aufmerksamkeit davon ablenken – in diesem Sinn wird die Kraft vergessen, es ist ein Bewusstseinsprozess. Man kann auch sagen: zur Ruhe lassen kommen – dadurch, dass man die Aufmerksamkeit ablenkt.

Warum sagt man ‚Bild', wenn man über Gedanken spricht? Weil alle Gedanken nur Bild sind, nicht Wirklichkeit. Es wird nicht gemeint, dass es sinnliche oder imaginative Bilder sind, sondern dass sie Bildnatur haben, dass sie etwas abbilden, was sie nicht selbst sind. Erst wenn das Denken lebendig wird, dann werden die Gedankenbilder zur Realität erhoben. Plato verwendete für das, was wir jetzt ‚Idee' nennen, i.e. die höchste Form des Begriffs, das Wort eidon, das ‚Form' ist. Idea gibt es im Griechischen ebenfalls und heißt ‚Gestalt'.

In der folgenden Übung wurde versucht, durch stufenweises sich Erheben zu dem intuitiven Willensgebiet, die Ebene zu erreichen, wo ein wesenhaftes Erleben der Throne und ihrer Wirksamkeit erlangt werden kann. Es ist eine meditative Übung, die dem Übenden eine eigene, reale Erfahrung der Wesenheiten der ersten Hierarchie, zuerst der Throne, geben kann.

Im strahlenden Licht lebt strömende Weisheit.

Zuerst werden wir den Inhalt denken.

Es wird meditiert.

Im zweiten Schritt gestalten wir den Inhalt mit dem Gefühl.

Es wird meditiert.

Im dritten Schritt strömen wir mit dem Willen hinein und mit.

Es wird meditiert.

Übrig bleibt nur der Einsatz, die Tätigkeit.

Es wird die Tätigkeit meditiert.

Nun müssen wir versuchen, auch noch von der Tätigkeit abzusehen.

Es wird meditiert.

Übrig bleibt ein Willenswesen, das all diese Prozese, alle diese Strebungen kennt, weiß, wie es gemacht werden muss. Aber es ist Wille, ein Wille, der weiß.

Es wird weiter meditiert.

Wir können versuchen zu spüren, wie dasjenige, was jetzt noch übrig bleibt, wie das sich anfühlt, als ob es getragen wird.

Es wird weiter meditiert.

Und dann versuchen wir zu spüren, wie dieser geistige Wille, der getragen wird, auch ein Innerliches hat.

Es wird weiter meditiert.

Und dann bedenken wir, dass es Wesen sind, die da fortwährend tätig sind, da wo wir alles Äußerliche verlassen haben und wo wir nur noch innerlich da sind, da tragen uns die Throne. Die Tragkraft, die sie haben, ist Gnade.

Es wird meditiert.

Im Gespräch wurde durch die Teilnehmer sehr deutlich ausgesprochen, wie lebendig die Gnade als tragende Kraft von Wesenheiten empfunden werden konnte.

Teilnehmerin: Ich habe die Gnade empfunden, es war so ein intensives starkes Fühlen, ich kann es gar nicht beschreiben. Ich muss es erstmal aushalten. Es ist nicht zu beschreiben. Und das ist erst der Anfang… Dass wir hier solche Erfahrungen machen dürfen, das ist ja selbst eine Gnade.

Wir brauchen Anweisungen, wie wir diese Wesenheiten spüren lernen können und ihre ‚Substanz' ist Gnade. Wir haben ein Baby dabei und das wird viel getragen, es kann ja noch nicht selbst gehen.

So sind wir auch, wir müssen im Geiste getragen werden.

Teilnehmerin: Ich erlebe eine große Freude, als ob sie von den Wesenheiten kommt, dass die eine Freude erleben, weil wir uns bewusst werden, dass sie da sind. „Macht weiter! Ihr schafft das!‘ scheinen sie zu sagen. Leicht und ernst und feierlich zugleich. Ich finde es so enorm, dass das immer da ist. Man kann jahrelang herumlaufen und alles verschlafen. Und doch können wir sie unmittelbar ‚anschauen‘. Das geht auch. Weit weg und doch so nahe.

Teilnehmer: Als wir zu der Stufe gekommen waren, da wir die Kraft auch weggelassen haben, da spürte ich zuerst eine Freiheit, so kann ich es wohl sagen. Ich war noch wirklich da, in einem Zustand, der eine Beständigkeit hat, ohne dass ich etwas noch tun musste, ich brauchte nicht mehr die gewohnte Anstrengung aufzubringen. Da spürte ich jedenfalls die Freiheit. Und ich war da in Beständigkeit, ohne Anstrengung.

Teilnehmerin: Es war ein deutliches „Ich bin“ Erleben, aber nicht so wie jetzt, denn es war zugleich auch ein „Wir sind“ - etwas was man so nicht fassen kann.

## SIEBENTE STUNDE

Dann gibt es noch den anderen Aspekt der Throne und dieser ist, dass die Willenskraft nicht nur innerlich geistig wirksam ist, sondern auch wirklich leiblich werden kann und auch ist. So muss man sich alle Prozesse im Leib vorstellen, die willensartig sind. Das Nervensystem ist das nicht, Blutumlauf und Atmung halb und alle Stoffwechsel- und Gliedmaßenprozesse sind ganz und gar Wille. Die Throne *treiben* da.

Es ist deutlich, dass, wenn wir gehen, es nicht die Beine sind, die das tun, sondern dass es der Wille ist, der die Beine gehen lässt. Und es ist auch wichtig, sich dessen bewusst zu sein, es ist sogar heilsam. Wenn man älter wird, ist es gut zu merken, dass es nicht das Gliedmaßensystem ist, sondern dass es der Wille ist, der treibt.

Wenn wir damit vertraut werden, dass man mit Willen denken kann, dann kommt dasjenige, was sonst gar nicht in das Bewusstsein hineinkommt, immer mehr und mehr darin. Dann kann man bemerken, dass das wirkliche Erkennen auch nicht so von selbst abläuft, sondern, dass der Wille da auch tätig sein muss. Und wenn man immer besser bemerkt, dass der Wille im Denken wirkt, dann wird es immer mehr möglich zu erkennen, wie der Wille im Stoffwechsel wirkt. Dann fühlt man immer besser, dass der Wille ganz von außerhalb kommt.

Der sitzt nicht in den Knochen, in den Muskeln, in den Gliedern, der wohnt ganz außerhalb. Das kann man gelehrt bekommen, aber durch die Übung in der Meditation wird es eigene Erfahrung. Dann kann man erkennen, dass es möglich ist, den Willen immer mehr und mehr zu tun. Das ist der Bereich der Throne. Rudolf Steiner gibt das Bild, dass auch der Erde Kräfte, Feuerkräfte aufsteigen in die Glieder, aber unbewusst für uns, und dass das diese Kräfte sind, wodurch wir wollen können, aber auch die Kräfte, wodurch die leiblichen Prozesse sich vollziehen. Das liegt natürlich weit vom Bewusstsein weg. Das ist auch gut, denn wenn wir mit dem Verstand unseren Leber denken und wollen würden, wenn wir mit dem leiblichen Willen mittun würden, dann würde das eine Katastrophe werden. Ich habe immer das Beispiel der Musikübung, womit ich zwar nicht so weit gekommen bin, aber doch im Leben etwas getan habe - da habe ich immer bemerkt, dass man für das Einstudieren den Verstand gut gebrauchen kann, aber wenn dann letztendlich wirklich gespielt werden muss, dann ist der Verstand ein großes Hindernis. In dem Moment, wo man sich erinnert, dass man einen Verstand hat, ist das Spielen weg. Ich frage mich immer: Wie tun die Konzertmusiker das? Wie bringen sie es soweit, dass sie nicht mehr daran denken, dass sie einen Verstand haben?

Ein Konzert geben kann man nur gut, wenn keine Impulse aus dem Intellekt kommen. Wenn wir uns dann vorstellen, dass wir unsere Leibesprozesse wüssten, dann würde das katastrophal sein. Es muss zuerst eine tiefgehende und gründlich umwälzende Entwicklung durchgemacht sein, bevor das möglich sein könnte. Der Eingeweihte muss ein Künstler sein und den Intellekt ganz vergessen können.

Es ist schwierig, um das in das Erleben hineinzubekommen. Wir haben jetzt alle in der Mittagspause wohl etwas gegessen und die Verdauung ist aktiv und stört vielleicht die Konzentration und die Wachheit. In uns arbeitet etwas. Wir haben davon keine Ahnung, nur von den Folgen. Die Folgen können wir bemerken, aber dass eine rege Tätigkeit in uns da ist, während wir hier so ruhig sitzen, das bleibt außerhalb des Bewusstseins. Es ist ein sehr komplizierter und willensstarker Leibesprozess. Stellt euch das nur vor. Auch wenn man keine Medizin studiert hat, weiß man doch wohl etwas davon, was sich da alles vollzieht - das ist schon etwas!

Wenn wir dann schauen nach der äußerlichen Tätigkeit der Menschen, zum Beispiel in einem Fußballmatch, wo die Männer fortwährend mit den Beinen wollen, dann sieht man auch Trieb. Man kann natürlich allerlei Kritik haben, dass diese hohen geistigen Willenskräfte dazu verwendet werden, das ist jetzt nicht, was ich meine.

Wir rufen so eine Ahnung in uns auf, was Willenstrieb in uns ist. Was wir im gewöhnlichen Denken klar, aber doch als schwach erkennen lernen - den Willen im Denken - das wird in dem äußerlichen Wollen kräftig, aber dumpf, wir können nicht dabei kommen, was da für Feuerkräfte wirksam sind. Mit etwas Fantasie könnte dies aber, wenn man es sich intensiv vorstellt, zu einer mehr imaginativen Vorstellung werden. Bei den Menschen, die hier auf dem Land arbeiten, da sieht man die Kraft auch. Wir werden so erzogen, dass sich allmählich in die Erwachsenheit hinein die Vorstellung festsetzt, dass der Leib will und tut. Wenn man sich von dieser Indoktrination befreit, bekommt man die Gelegenheit, die Wirklichkeit anzuschauen, nämlich, dass der Wille von außerhalb kommt und dass der Leib davon erfasst wird. Von Natur aus sieht man das aber nicht und nimmt einfach an, dass die Wissenschaft recht hat mit der Vorstellung vom Nervensystem, das Impulse zu den Muskeln schickt und dass sich alles innerhalb des Leibes abspielt. Damit ist man dann dem Materialismus verfallen. Die hohe Geisteskraft, dieses Feuer der Triebe, wird dann als Brand der Ernährung gesehen. Daher kommt die Energie. Die Energie ist Willenskraft und die gibt die Bewegung durch Anleitung der Nerven. So meint man.

Wenn man jedoch immer mehr und mehr Willenskraft in das Denken hineinbringt, dann wird der Wille bewusst. Das gibt es normalerweise nicht. Und weil der Wille gar nicht bewusst ist, können wir uns auch nicht vorstellen, wie das in der Wirklichkeit ist. Aber wenn der Wille in dem Denken bewusst wird, kehrt das auch um, dann wird es auch möglich, mit den Gedanken mit dem Willen mitzugehen. Dann kann man allmählich die Willensprozesse bewusst verfolgen und dann wird es schon deutlich, wie es wirklich ist. Der Wille kommt von außerhalb.

Die differenzierte Art der Wirkung bei verschiedenen Menschen rührt von vorherigen Erdenleben her.

In meinem Buch ‚Das menschliche Mysterium' habe ich ansatzweise versucht, in allen Feldern einen ersten Blick auf diese Leibesgestaltung, auf die Leibesprozesse zu lenken. Man kann es vertiefen und erweitern, auch was wir hier in diesen vier Tagen machen. Wir brauchen die durch Meditation erweiterte Vorstellungskraft.

In den Vorträgen und Kursen für Waldorflehrer hat Rudolf Steiner die Pädagogen darauf hingewiesen, dass das Kind nicht als ein unbeschriebenes Blatt in die Welt kommt. Es ist eine gründlich vorbereitete Wesenheit, die schon viele Erdenleben durchlebt hat. Und man könnte sie nur mit Hellsichtigkeit real anschauen. Wenn man diese Hellsichtigkeit aber nicht hat, dann ist doch noch vieles möglich, denn man kann doch *wissen*, dass es so ist. Steiner legte darauf sehr viel wert und er gibt dann Übungen, in der Hoffnung, dass der Lehrer eine Empfindung dafür bekommt, was das Sinnesnervensystem ist- was tut man, wenn man kleine Kinder so behandelt, als ob man alles machen kann wie bei Erwachsenen. Und dann auch dazu anleitet selbst zu erleben, was das Stoffwechsel-Gliedmaßensystem wirklich ist. So kann man im Erleben wenigstens etwas finden, wodurch man als Erzieher von dann ab anders dem Kind gegenübersteht. Auch da wird, vom gewöhnlichen Standpunkt, alles ganz falsch angesehen.

So kann man eine Idee bekommen, was eigentlich der Wille ist. Rudolf Steiner sagt: geistige Willenskraft gibt es eigentlich bei Menschen überhaupt nicht - nur bei den hier Anwesenden natürlich wohl... Im Leben ist der geistige Wille dramatisch abwesend und der Wille ist dann nur Instinkt, Trieb und Begehren - höher geht es nicht. In der Selbsterziehung sind das Kräfte, die zu überwinden sind, aber für das Leibesleben kann man sie nicht überwinden, muss es auch nicht.

Denn gerade das sind die Triebkräfte, die mit Willen zusammenhängen und die unmittelbar von den Thronen kommen. Man kann also nicht sagen: Ich muss alle meine Instinkte und Triebe überwinden, denn dann wäre man tot. Man braucht sie für den lebendigen Leib.

Das Ganze ist Willensgebiet der Throne. Überall, wo der Wille im Leib wirksam wird, haben wir die Kräfte oder die Macht der Throne. Die sind nicht kleine Einwohner in uns, sie sind nicht eine hohe Besessenheit. Aber sie sind bei Saturn, ganz hoch im Kosmosund greifen in das Physische ein. Zugleich kommen sie aus den Feuerkräften der Erde in den Leib hinein. Nicht nur der Doppelgänger steigt in die Glieder auf, auch die höchsten Feuerwesen, die Throne machen das. Der Doppelgänger ist ein ‚Gesell' der eigentlichen leiblichen Willenskräfte.

Am ersten Abend hat Jos über Fercher von Steinwand gesprochen.

Er hat ein gewaltiges Gedicht, ‚Chor der Urtriebe' geschrieben. Es sind zwölf Teile. Wenn man sich, so wie wir jetzt, mit den Thronen befreunden will, dann kommt man in der Erkenntnis zu solchen Erlebnissen, wie sie in diesem Gedicht gegeben sind. Ein solcher Dichter dichtet so, dass das, was er sagen will, in dem Ganzen darin ist. Nicht nur im verständlichen Inhalt, auch in der Form und in dem Klang.

Der philiströse Verstand muss sich wohl daran gewöhnen, dass er sich wandelt, denn es klingt im Gedicht vor allem der Wille und nicht der Verstand. Ich werde selbst den ersten Teil vorlesen, aber es wäre schön, wenn jemand von euch oder mehrere das ganze Gedicht rezitieren könnten.

Dies ist eines der Gedichte, die Fercher von Steinwand mitbrachte, nachdem Rudolf Steiner ihn gefragt hatte, ob es nicht noch mehr Gedichte gäbe... Da antwortete er: Ja, ich habe noch etwas Kosmisches.

Das war ‚Chor der Urtriebe'. Man kommt wirklich in die Triebe hinein. Rudolf Steiner hat es auch mit Eurythmie zeigen lassen. 1918 wurde von Marie Steiner das Gedicht bei einem Vortrag rezitiert und dann auch durch Eurythmie gezeigt.

Teilnehmer, der Eurythmist ist: Es wird noch immer als Rezitation gemacht und dann lässt man die Worte weg und zeigt nur Eurythmie, nur die Bewegung. Es ist erschütternd. Es hat mich ganz umgeworfen. Die Formen müssen also von ihm kommen, weil es schon 1918 gemacht wurde.

In den unbegrenzten Breiten
Unsrer alten Mutter Nacht,
Horch - da scheint mit sich zu streiten
Die geheimnisvollste Macht!
Hören wir die Ahnung schreiten?
Ist die Sehnsucht aufgewacht?
Ward ein Geistesblitz entfacht?
Gleiten Träume durch die Weiten?
Wie sich an Kräften die Kräfte berauschen,
Seliges Tauschen!
Plötzliches Eilen,
Stilles Verweilen,
Schwelgendes Lauschen
Wechselt mit Winken
Staunenden Bangens!
Reiz des Erlangens
Steigt, um zu sinken,
Sinkt, um zu hassen,
Weiß vor dem blassen
Bild des Umfangens
Hass nicht zu fassen.
Dunkle Verzweigungen
Sprießender Neigungen
Suchen nach Ranken.
Schwere Gedanken
Dämmern und wanken
Über den Welten,
Scheinen zu raten
Oder zu leiten.
Was sie bereiten,
Sind es die Saaten
Riesiger Taten,
Strahlender Zeiten?
Wer das Erwühlte
Schöpferisch fühlte!
Wer es durchirrte,

Selig genießend,
Oder entwirrte,
Hohes erschließend!
Droben bewegt sich' s wie Geisterumarmung
Wir in Erwarmung,
Wir auch gewinnen,
Suchen und sinnen,
Seh'n uns gehoben,
Höchstem Beginnen
Glücklich verwoben.
Die uns umwehen,
In uns erstehen:
«Ihr seid's, Ideen! - -»
Zarte Begegnungen,
Freudige Küsse,
Liebender Segnungen
Gegenergüsse!
«Feinster Entstehungen erste Gestalter,
Weiseste Sprecher des obersten Grundes!
Sinn und Ersinnungen eueres Bundes
Laßt uns gewahren, uns, die Entfalter
Eueres Fundes,
Uns, die wir Zwillingsgeschwister von Alter!
Denkt - an das Denken
Schmiegt sich des schaffenden Wortes Behagen,
Denkt - was wir wagen,
Werdet ihr lenken! -
Ihr seid entschieden,
Stets in Erglimmung
Schönstes zu träumen,
Träumend zu sehen,
Wir, im Entstehen
Schönes zu schmieden -
Uns ist's Bestimmung,
Niemals zu säumen. -
Leidiger Öden gepeinigte Nächte,

Wisset, sie wissen,
Wes ihr beflissen.
Wer es uns brächte!
Seufzen der Finsternis traurige Mächte.
Weck' euch der ächzende Sturm des Verlangens
Lust des Bescherens -
Was noch des Hangens?»
«Qual des Entbehrens,
Mut des Begehrens,
Zeit des Empfangens,
Glück des Vermehrens -
Was noch des Hangens?
Teilt und verströmt die bekundete Wärme,
Willige Schwärme!»
Hört, was die denkenden Höhen uns sagen -
Laßt uns entjagen!
Laßt das Empfundne die Zeiten empfinden,
Ruft, was berufen, ins Werden zu ragen,
Laßt, was sich sucht, mit Frohlocken sich finden,
Warm sich verbinden!

Wenn wir uns in das Gebiet der leiblichen Kräfte hinein fühlen wollen, dann müssen wir etwas ganz anderes tun, als was wir gewohnt sind zu tun. Das lässt sich jetzt nicht tun, aber ich werde es beschreiben. In den Vorträgen über okkulte Physiologie hat Rudolf Steiner es ganz genau beschrieben, später in den Vorträgen über die Grenzen der Naturerkenntnis - allerdings in einer anderen Art. Der Geistesforscher muss immer zuerst aus sich herausgehen. Was wir immer üben ist ein Suchen danach, dass wir unser Denken, Fühlen und Wollen ganz losgelöst vom Leib, als drei Welten, haben können und dass wir dann uns ausbreiten über den Kosmos, in die Weltenweiten hinein.

Das ist die chymische Hochzeit. Da geht der Mensch eine Hochzeit mit dem Kosmos an. Das wird außerhalb vom Leib gefeiert. Da hat man nicht die Möglichkeit, die Leiblichkeit des Menschen, so wie sie irdisch ist, zu erforschen. Man kann nicht vom Kosmos aus den Leib von innen erkennen. In okkulte Physiologie wird dieses aus sich Herausgehen genau beschrieben. Man nehme einen Inhalt, den man denken kann und der nicht aus der sinnlichen Welt genommen ist und man denke den Inhalt so konzentriert wie möglich. Dadurch reißt sich die denkende Fähigkeit aus dem Blut los und wird nur noch mit dem zentralen Nervensystem aufgenommen, kann nicht mehr in der gewöhnlichen Weise bewusst werden, sondern wird in einer hellsichtigen Weise bewusst. Durch Meditation wird die Denkfähigkeit so in sich zusammengezogen, dass sie nicht mehr mit dem Blut zusammenkommt. Es wird da beschrieben, wie in der sinnlichen Wahrnehmung auch die Sinnesbilder bis in den Nerv strahlen, dann bis in das Gehirn gehen, aber Bewusstwerdung entsteht durch die Einschreibung auf der ‚Bluttafel'. Alle Sinneswahrnehmung ist durch das Sinnesnervensystem hindurchgegangene Einschreibung auf der Bluttafel. Dadurch ist der Mensch nicht hellsichtig. Könnte er halt machen vor der Einschreibung in das Blut, dann würde man die ganze Welt hellsichtig wahrnehmen. Das ist die chymische Hochzeit. Damit kann man den Leib nicht untersuchen. Wenn man die Physiologie geistig erkennen möchte, dann muss man es ganz anders machen. Dann muss man in dem sympathischen Nervengebiet (z.B. Sonnengeflecht), wo von Natur aus eine Trennung zwischen Nerv und Blut besteht, weil man die Organe nicht wahrnehmen darf, eine Verbindung zwischen Blut und Nerv herstellen lernen. Es existiert also die umgekehrte Situation im zentralen Nervensystem und im sympathisch/parasympathischen Nervensystem, im peripheren Nervensystem - und das hat mit der Bewusstwerdung zu tun.

Wie wird diese Verbindung zustande gebracht? Wenn wir aus uns herausgehen, dann überwinden wir den Egoismus. Wenn wir in uns hineingehen, ist es gerade der Egoismus, dem wir da begegnen. Das haben die alten Mystiker gewusst. Die haben die Verbindung zwischen Blut und Nerv im peripheren Nervensystem gesucht und die wussten sehr wohl, dass das nur gehen darf, wenn der Egoismus mit aller Kraft überwunden wird. Deshalb musste der Mystiker ganz und gar von sich absehen lernen, sonst würde er seinen Egoismus nur verstärken. Oder er würde vor Scham verbrennen durch den gewaltigen

Unterschied zwischen dem vollkommenen Leib und der unvollkommenen Seele. Nach außen tritt eine Furcht vor der Leere auf, da muss die Seele stark werden. Nach innen wird alles gerade dicht, da wirkt das Ego wie ein Kautschukball.

In der Untersuchung der leiblichen Prozesse müsste man das ganz gewissenhaft machen. In ‚Okkulte Physiologie' beschreibt Rudolf Steiner dann daraufhin, was er selbst an Wissen gefunden hat.

In ‚Grenzen der Naturerkenntnis' wird dann ganz genau der Weg beschrieben, wie man das tun kann. Man muss zuerst die Früchte der Arbeit mit der Philosophie der Freiheit haben: Man muss ein Denken in sich entwickelt haben, das den Willen in sich trägt. Dann muss etwas ganz anderes gemacht werden: dass man dasjenige verstärkt, was man für die Denkentwicklung nicht tun sollte, nämlich, dass man die Sinneswahrnehmung bis in das Blut hineinträgt. Da muss die Sinneswahrnehmung so gemacht werden, dass man alles Denken so aus der Sinneswahrnehmung ausschließt, dass nichts davon mehr da ist.

Das kann man nur mit der Frucht der Philosophie der Freiheit, dass man so genau unterscheiden lernt in den seelischen Prozessen, dass man diese Trennung von Denken und Wahrnehmen zustande bringen kann. Dann nimmt man die Wahrnehmung in den Leib herein und dadurch entsteht die ‚Mystik'. Um das Denken aus der Wahrnehmung aus zu filtrieren kann auch gelernt werden, symbolisch vorzustellen, damit die abstrakten Gedanken nicht stattfinden können. Die Rose ist dann nicht eine Rose, aber die Reinheit der Seele, usw. Man wird Künstler und nimmt nur wahr und denkt Symbole. Leichter finde ich eine Selbstbeherrschung so, dass man bei der Wahrnehmung nicht denkt. Dann geht man mit Gefühl und mit Willen in den Leib und wird Pilger in den Leib hinein. Wenn der Egoismus doch mitgeht, dann wird man Dogmatiker. Es gibt viele Menschen, die, ohne viel zu denken, wahrnehmen. Die gehen ungewollt zu stark eine Verbindung zwischen dem peripheren Nervensystem und dem Blut ein. Das sind die Dogmatiker. Alle Einsichten werden dogmatisiert. Das ist das Problem in spirituellen Gemeinschaften, auch der anthroposophischen.

Man sieht ein, ohne wirklich selbst energisch denkend einzusehen:
Die Einsicht wird verewigt: für immer und für alle ewig gleich.

Beginne in den Geistesweiten und ende in den eigenen Seelentiefen...

Zuerst ganz genau verstärkt nach außen, erst dann nach innen.

Diese ganze Ausführung war dazu da, zu zeigen, dass es nicht so einfach ist, die leibliche Triebseite der Throne zu erforschen und gewahr zu werden. Das rein geistige Erleben der Tragkraft der Throne ist noch einigermaßen zu erleben. Was in dem Gedicht der Urtriebe gegeben wird, ist künstlerische Größe, beruhend auf Geistes-Einsicht des Dichters. Aber das lässt sich für gewöhnliche Sterbliche nicht leicht nachmachen.

# ACHTE STUNDE

Es ist alles Probe, was wir tun. Zum Schluss für heute tun wir dann noch mal die Übung von heute Morgen. Wir können mit Willen meditieren und wir nehmen denselben Satz, zuerst denkend, dann fühlend, dann wollend, und wenn wir die Kraft in uns gewahr werden, dann können wir noch davon absehen und sind dann wenigstens in der Vorstellung außerhalb des Leibes. Es kann sein, dass wir nicht voll und ganz den Leib verlassen haben, aber mit dem Vorstellen haben wir es dann doch gemacht. Dann öffnen wir die Augen, schauen ein Objekt an - wir sind dann noch ganz leer - und versuchen dann die sinnliche Wahrnehmung ganz in uns einzusaugen. Die Gewahrwerdung, die dann entsteht, kommt in die Nähe der Willenstätigkeit des Leibes. Es ist alles Probe, wir können nicht erwarten, dass wir dann auch okkulte Physiologie erforschen können, aber es ist der Weg dahin und man kann eine Ahnung bekommen. Wir müssen zuerst nach außen, und dann - alles abgelegt habend - wiederum nach innen, durch die Sinne hindurch.

Das ist das Wesentliche. Man kann es mit den Augen tun, mit den Ohren, mit allen Sinnen zusammen, aber man nimmt die Wahrnehmung gedankenfrei auf. So wie man in der Philosophie der Freiheit sinnlichkeitsfrei denken lernen muss, müssen wir jetzt *gedankenfrei wahrnehmen* lernen. Das gedankenfreie Wahrnehmen gibt Sinnesbilder ohne Wissen, man weiß nicht einmal, dass man eine Rose sieht, obwohl man die Rose ganz intensiv wahrnimmt.

*Im strahlenden Licht lebt strömende Weisheit.*

Es wird meditiert.

Bei dem Übergang zu der Wahrnehmung mit den Sinnen kommt es darauf an, die Gedankenleere zu behalten. Dies gelingt meistens erst nach vieler Übung, man muss sein Wahrnehmen und Denken ganz bewusst trennen können. Aber wir machen eine Probe. Der Leib gibt eine Antwort...

Die Gefahr, worüber in der vorherigen Stunde gesprochen wurde, tritt selbstverständlich bei solchen ernsthaften Proben nicht ein. Wenn auch die Kraft nicht vollkommen rein ist und der Egoismus nicht ganz überwunden - es geht darum, dass man weiß, womit man arbeitet. Würde man wirklich warten müssen, bis der Egoismus ganz überwunden wäre, dann könnte man nie anfangen, weil der Egoismus gerade durch solche Übungen wie diese überwunden wird.

Es geht bei dieser Übung nicht darum, dass wir das Objekt übersinnlich kennenlernen. Das war unsere Aufgabe in dem Persephone Seminar. Jetzt geht es darum, für das Erkenntnisvermögen die Brücke zu bauen, dass es in den Leib hinein erkennend einsteigen kann. In den Leib könnte dann etwas gelesen werden durch die intimere Bindung von Nerv und Blut. Das Objekt der Sinneswahrnehmung ist nicht wichtig, sie ist nur Mittel. Das Denken bleibt noch leicht darin, es muss aber ganz außerhalb des Leibes bleiben. Aber ‚außerhalb' bedeutet dann nicht räumlich außerhalb, das bedeutet es nicht. Es geht um die Sinneswahrnehmung an sich, ohne Denken. Deshalb haben wir diese ausführliche Vorbereitung in der Meditation gemacht, wo letztendlich nur die Willenskraft noch da ist, die Wahrnehmungskraft ist. Dann werden die Pforten geöffnet, die Sinne, und dadurch hindurch nehme ich dann die Objekte wahr, wobei diese nicht gedacht werden.

Allmählich kommt man ganz aus dem Kopf weg, aber auch aus dem Umfeld und man steigt wirklich in den Leib hinein. Man wird ein Pilger in den eigenen Leib hinein. Dazu braucht man sehr viel Mut. Man taucht in die Leibeskräfte unter. Da würden wir die erste Hierarchie finden.

Die Übung wird noch mal ganz gemacht.

Wenn gesagt wird, dass wir außerhalb des Leibes sind, dann wird damit gemeint, dass die gewöhnliche Leibeswahrnehmung aufhört.

Dass man die Wahrnehmungen dann noch im Bereich des Körpers hat, ist etwas anderes.

Was tun wir, wenn wir dann bewusst erkennend, aber ohne Denken, in den Leib hineinsteigen? Wir müssen wissen, dass der Leib das Paradies war, worin der Mensch ganz da sein durfte. Aber die Schlange, Luzifer, hat zu einem anderen Wissen verführt. Mit diesem Wissen konnten wir nicht im Paradies bleiben. Wir wurden verjagt. Der Mensch lebt mit seinem Bewusstsein ganz in der Welt, nicht in der Welt des eigenen Leibes, das ist uns verschlossen worden. Da steht der Cherub mit dem flammenden Schwert. Was wir jetzt so ganz anfänglich versuchen, ist die Erkenntnisfähigkeit neu zu gewinnen, womit wir das Paradies betreten dürfen: den Leib. Es ist die ganze Menschheitsgeschichte dazwischen... Es hängt die größte Scheu damit zusammen. Die chymische Hochzeit kommt zuerst, dann die mystische.
Dann kommt man natürlich nicht in das Fleisch und in die Knochen hinein, sondern in die Prozesse, die Gestaltungen und die Wirkungen.
Wie man bei der Meditation mit dem Denken in eine unaufhörliche *Ausatmung* hinein kommt (natürlich geht die physische Atmung weiter), so kommt man hier in eine dauernde *Einatmung* hinein.

Bei dieser andauernden Wahrnehmung muss man natürlich nicht anstarren, man kann die Augen auch wiederum schließen und das ‚Einsaugen' weiter verfolgen.

Diese Übung war also eine Probe, nicht ein Resultat. Würden wir ernst hiermit machen und es immer wiederholen, dann würde ein wirklicher Zustand entstehen. Die Geistnatur hat seine eigene Gesetzmäßigkeit und wir können darauf vertrauen, dass wir nicht weiter zugelassen werden, als richtig für uns ist - in jeder Hinsicht richtig.

# NEUNTE STUNDE

Die große Charakteristik, die Rudolf Steiner für die erste Hierarchie gibt - ich habe sie am ersten Tag wiedergegeben - sind Entsprechungen. In das Willenswesen, das mit den Thronen zu tun hat, können wir uns noch einigermaßen vertiefen, das haben wir gestern Mittag versucht.

Wenn wir jedoch eine Charakteristik für die noch höheren Wesenheiten, für die Cherubim und Seraphim geben möchten, dann sind die Worte in der Sprache unzureichend. Rudolf Steiner gibt dann die Anweisung, dass wir uns erinnern können, wie wir Menschen kennen oder gekannt haben - aus dem eigenen Leben oder aus der Literatur, worin solche Menschen beschrieben werden - die eine tiefe Weisheit besitzen, die mit Lebenserfahrung zu tun hat. Das kann sehr beeindruckend sein. Aber man kann es auch gar nicht bemerken, wenn man nur oberflächlich lebt. So haben wir auch eine Schwierigkeit, wenn wir versuchen, uns in die nächste Hierarchie, die der Cherubim bewusst zu werden, dass wir zu flach im Erleben geworden sind - und diese Erhabenheit nicht einmal mehr ahnen können.

Die erste Übung für das Erleben ist also, dass wir versuchen Erinnerungen zu bilden von Begegnungen mit Menschen, die zeigen, dass sie eine tiefgehende Weisheit haben, die auf Lebenserfahrung beruht.
Wenn wir eine Ahnung bekommen, was in solchen Menschen wirkt und wir versuchen uns das viel tiefer, weitgehender vorzustellen, - dann bekommen wir eine erste Ahnung von der Wesenheit der Cherubim. In der Predigt von Alanus ab Insulis, worin er die Hierarchien kurz charakterisiert, finden wir für die Cherubim das göttliche Wissen. Wenn wir uns vorstellen, dass die Gottheit als Trinität weit über die Seraphim gedacht oder gefühlt oder geahnt werden muss, dann sind die Cherubim in gewissem Sinn in der Anschauung der Trinität das göttliche Wissen. Im Menschen kommt das in dieser Lebenserfahrung, die weisheitsvoll ist, ein ganz klein wenig zum Vorschein.

In meinem eigenen Leben hat sich, wenn ich zurückschaue, etwas Merkwürdiges ereignet. Ich bin selbst ganz in den abstrakten Intellekt hineingegangen, habe mich weit vom göttlichen Leben entfernt, im Denken jedenfalls - im Gefühl und Willen gar nicht. Im Denken habe ich ganz gut den Intellekt - mit seiner logischen Formgebung und auch in der Mathematik, wo das Denken von der Wirklichkeit abgesondert und durch das Gehirn reflektiert ist - gut kennen gelernt.

Dann, als Erwachsene, habe ich daran sehr gelitten, weil ich mich erinnerte, wie es auch sein kann. Der Verlust von etwas, durch etwas, war sehr deutlich. In der Anthroposophie fand ich dann den Weg des Denkens und es wurde ziemlich schnell Erfahrung, wie durch die Gedanken der Philosophie der Freiheit es möglich wird, um in dem abstrakten Denken, gerade darin, den Weg zu der Wirklichkeit des Denkens zurückzufinden. Bevor ich die Anthroposophie fand, hatten wir schon Kinder und beim Schlafengehen mussten Geschichten erzählt werden, - das hat dann Jos immer gemacht, denn bei mir war die Phantasie ganz eingetrocknet, - mit dem abstrakten Denken kann man keine Kindergeschichten ersinnen. Ich hatte nicht den Eindruck, dass das sich ändern könnte: Etwas, was nicht da ist, ist ja nicht da.

Aber die Umwandlung des Intellekts in ein spiritualisiertes Denken kam zu Stande und es war mir klar, dass diese Umwandlung gerade so leicht sich vollzog, weil das Leiden am Intellekt so stark war. Wenn das nur groß genug ist, dann ist auch genügend Kraft vorhanden. Die Verwandlung, die Spiritualisierung geht natürlich allmählich, aber die Bewusstwerdung davon ist unmittelbar, in einem Augenblick. Nach dem Schreiben von ‚Suche das Licht...‘ kam dann die Frage, wie der Inhalt mehr bildhaft wiederzugeben wäre. Und dann entstand ‚Mutter eines Königs‘, wozu schon einige Phantasie notwendig gewesen ist, die dann mehr imaginativ sich gestaltete. Das ganze Buch scheint im Leben sich abzuspielen, aber es ist zugleich Bild für `Suche das Licht`... Die teilnehmenden Personen sind Wesensglieder, die Prozesse sind Verhältnisse usw. Und ich fühlte einen starken Mut, um sehr kräftig zu übertreiben. (Viel später fand ich bei Aristoteles den Satz, dass es in der Literatur, der Poesie, dem Drama, notwendig ist, zu übertreiben, weil sonst die Dinge nicht ankommen...). Was ich darstellen wollte, musste ich in einer Weise tun, die mit dem Intellekt unmöglich wäre, ganz lächerlich wäre, nicht machbar. Der Mut dazu war da und ich habe das dann versucht. Bestimmte Persönlichkeiten haben sich gestaltet und ich habe das mit Übertreibung ausgestaltet und idealisiert. Es sind dann lebendige Menschen geworden.

Dafür habe ich dankbar die Erfahrungen mit weisen Menschen aus der Lebenserfahrung verwenden können. Man muss doch irgendwie in der Wirklichkeit Erlebnisse haben, die es möglich machen solche Persönlichkeiten so darzustellen, dass sie erscheinen wie ganz durchzogen von Wesenheiten der ersten Hierarchie. Es ist da nicht so, dass es wie im gewöhnlichen Leben ist. Da liegt alles unter der Oberfläche und man bekommt es nicht in die Sichtbarkeit. Bei der Beschreibung der Personen habe ich es aber immer wieder versucht, gerade solche Wirkungen so stark wie möglich nach vorne zu bringen. Durch dieses erlebende Bilden kommt dann auch die Wirksamkeit der höheren Welt in Erscheinung. Man kann sagen: Damals habe ich nicht das Bewusstsein davon gehabt, welche Wesen das sind, die ich durch die Menschen hindurch in Erscheinung bringe - das wird auch für mich erst in den letzten Jahren vollbewusst. Man kann sehr wohl Bücher schreiben aus tiefen Impulsen und genau wissen, was man tut - und trotzdem die geistige Welt, die dahinter steht, noch nicht anschauen. So ist es auch mit dem eigenen Leben. Wir leben das Leben wie Künstler, wir gestalten nach dem Geist, nach der Seele, aber wissen können wir es vorerst nicht. Die Anschauung der geistigen Welt fehlt.

In diesem Gebiet können wir die bildende Wirksamkeit als cherubinische Wirksamkeit allmählich erkennen lernen. Da, wo die Wesenheiten sind, die das Wissen von Gott lebendig in sich tragen und das im gewissen Sinn mit dem Erleben zu tun hat. Das sind Wesen, die nicht Gedanken tragen, sondern die ‚bedeutungsreich' sind, im göttlichen Sinn.

Dann sagen wir uns: Ich kann in der Meditation versuchen, mir so lebendig wie möglich vorzustellen: Die Cherubim sind die Wesenheiten, die die Erkenntnis von Gott haben und bilden. Alles, was in der menschlichen Wesenheit bedeutungsvoll ist, das kommt im Ursprung von den Cherubim.

In meinem Buch ‚Die Himmel auf Erden' finden wir Beispiele, wie wir solche Meditationen machen können, dass wir uns so gemüthaft, so ausführlich, so erlebend wie möglich vorstellen, dass dies Wesenheiten sind, die das göttliche Wort bildsam haben, die wissen das Göttliche und die können das wissend, gedankenartig, aber erlebend gestalten.

Es gibt in uns noch ein Gebiet, was durch die Abstraktion zugedeckt wird, dahin können wir zurück. Manchmal spricht dieses Gebiet auch so stark, dass keine intellektuelle Macht es vermag, da lähmend zu wirken - wir haben noch ein Gebiet, wo wir unmittelbar die Wirksamkeit der Cherubim erleben können und das ist, wenn das Gewissen spricht. Es ist natürlich so, dass für diese Art von Erkennen, wie wir das jetzt tun, dass dafür gilt: was gedacht wird, ist auch Wirklichkeit.

Das hat man in alten Zeiten gewusst: wenn man die Natur denkt, ist man nicht in der Wirklichkeit. Wenn man den Geist denkt, dann ist man unmittelbar in der geistigen Wirklichkeit darin - auch wenn es mit dem Intellekt gemacht wird, nur bemerkt man es dann nicht. Es ist eine Spiritualisierung des Denkens, wenn wir das Denken dazu verwenden, solche geistigen Wesenheiten zu denken und zu erleben - aber dann zugleich uns auch bewusst zu sein, dass bei dieser Art zu denken und zu erleben, diese Wesenheiten sich auch in der Wirklichkeit zeigen. Es gibt eine Stelle in der Vortragsarbeit von Rudolf Steiner, die ich leider nicht aufgeschrieben habe, da gibt er die Anweisung, das auch so zu tun. Da haben die Menschen sich bei ihm ‚beklagt', dass sie all diese hohen Tatsachen und Wesen in der Meditation nicht erleben. Da hat er gesagt: Das liegt an zu schwachem Bewusstwerden der Tatsache, dass sie wirklich da sind. Natürlich sind sie da, wir könnten ja keinen Schritt tun, wenn sie nicht da wären. Wenn wir daran aber gar nicht denken, uns dessen gar nicht bewusst werden, dann können sie auch nicht erscheinen. Sie tun, sie wirken, aber sie erscheinen nicht.

In dem reinen Denken, dass zuerst finster ist und gar keine Gestalten aufweist, das nur reines Denken ist, darin müssen wir selbst die Gedanken formen. Tun wir das nicht, dann sind sie nicht anschaulich da.

Wir dürfen also nicht sagen: Ihr Engel, warum zeigt ihr euch nicht? Es kommt von unserer Passivität, wir warten nur ab und imaginieren sie nicht.

Gestern haben wir in dieser Weise die Throne gesucht. Wir haben die Grundeigenschaft der Throne gedacht, das können wir für die Cherubim auch tun. Aber wir müssen fortwährend bewusst sein, dass wir Bekanntschaft mit den Cherubim suchen. Das war für die älteren Denker, für Johannes Scotus Eriugena, die Lehrer von Chartres und auch noch Thomas von Aquin eine Überzeugung: wenn der Geist sich selbst denkt, dass der Geist auch erscheint. Das kann man für sein eigenes Ich so tun, aber der Geist ist nicht nur das Ich, er ist die ganze geistige Welt mit seinen Wesenheiten und Vorgängen. Die können wir denken und das wirkt sehr intensiv und bedeutsam, wenn wir die Charakteristiken nehmen können. Studieren wir die Geheimwissenschaft, dann sind die Wesen und Tatsachen in einer solchen Fülle da, dass es schwierig wird, zu unterscheiden. Da muss man schon ein sehr entwickeltes meditatives Leben haben, um das lebendig gestalten zu können. Haben wir die Wesen einmal erkannt, dann wird es viel besser, es zu tun. Wir brauchen die grundlegenden Charakteristiken der Hierarchien. Es bleibt zwar keimhaft, aber die können dann durch weiteres Studium und Meditation auswachsen. Wenn wir die neun Hierarchien so gedacht und erlebt haben, dann könnten wir die Geheimwissenschaft studieren. Dann müssten wir uns verpflichten, in allen Benennungen der Hierarchien darin diese Keime zu erwecken.

Dann erst würde der Intellekt loslassen. Eine anfängliche Realität der Schöpfung würde entstehen.

Heute ist es unsere Aufgabe, zu versuchen, durch bestimmte Anhaltspunkte, die wir haben, das Wesenhafte der Cherubim zu erleben. Ich werde zuerst einiges zusammentragen.

Aus dem Alten Testament. Exodus, Kapitel 20.

2. Mose - Kapitel 20

Die Zehn Gebote ‚Und Gott redete alle diese Worte: Ich bin der HERR, dein Gott, der ich dich aus Ägyptenland, aus dem Diensthause, geführt habe. Du sollst keine anderen Götter neben mir haben. Du sollst dir kein Bildnis noch irgendein Gleichnis machen, weder des, das oben im Himmel, noch des, das unten auf Erden, oder des, das im Wasser unter der Erde ist. Bete sie nicht an und diene ihnen nicht.

Denn ich, der HERR, dein Gott, bin ein eifriger Gott, der da heimsucht der Väter Missetat an den Kindern bis in das dritte und vierte Glied, die mich hassen und tue Barmherzigkeit an vielen Tausenden, die mich liebhaben und meine Gebote halten. Du sollst den Namen des HERRN, deines Gottes, nicht missbrauchen; denn der HERR wird den nicht ungestraft lassen, der seinen Namen missbraucht. Gedenke des Sabbattags, daß Du ihn heiligest. Sechs Tage sollst du arbeiten und alle deine Dinge beschicken; aber am siebenten Tage ist der Sabbat des HERRN, deines Gottes; da sollst du kein Werk tun noch dein Sohn noch deine Tochter noch dein Knecht noch deine Magd noch dein Vieh noch dein Fremdling, der in deinen Toren ist. Denn in sechs Tagen hat der HERR Himmel und Erde gemacht und das Meer und alles, was darinnen ist, und ruhte am siebenten Tage.

Darum segnete der HERR den Sabbattag und heiligte ihn. Du sollst deinen Vater und deine Mutter ehren, auf daß du lange lebest in dem Lande, daß dir der HERR, dein Gott, gibt. Du sollst nicht töten. Du sollst nicht ehebrechen. Du sollst nicht stehlen. Du sollst kein falsch Zeugnis reden wider deinen Nächsten. Laß dich nicht gelüsten deines Nächsten Hauses. Laß dich nicht gelüsten deines Nächsten Weibes, noch seines Knechtes noch seiner Magd, noch seines Ochsen noch seines Esels, noch alles, was dein Nächster hat. Und alles Volk sah den Donner und Blitz und den Ton der Posaune und den Berg rauchen.

Da sie aber solches sahen, flohen sie und traten von ferne und sprachen zu Mose: Rede du mit uns, wir wollen gehorchen; und laß Gott nicht mit uns reden, wir möchten sonst sterben. Mose aber sprach zum Volk: Fürchtet euch nicht; denn Gott ist gekommen, daß er euch versuchte und daß seine Furcht euch vor Augen wäre, daß ihr nicht sündigt. Also trat das Volk von ferne; aber Mose machte sich hinzu in das Dunkel, darin Gott war.‘

Das Gesetz des Alten Testament

Das müssten wir jetzt bis in unser Gebein fühlen. Es ist die Grundlage unseres Gewissens. Aber, es kommt dann eine neue Zeit. Dann kommt der Christus. Im Alten Testament spricht die väterliche Stimme, das wirkt das Gesetz. Ein strafender, eifersüchtiger Gott. Das Gewissen kommt von außen, es wird durch Strafe bewusst. Eine Erziehung findet statt, die wir nicht mit unserem heutigen Zustand vergleichen können. Das ist mit unserer Lage nicht zu vergleichen. Wenn sich in Zukunft unsere Erinnerung so erkraftet haben wird, werden wir zurückerinnern können, wie an unser eigenes Leben, an diese alten väterlichen Zeiten. Versuchen wir das jetzt, dann können wir uns nicht einmal an unsere Jugendzeit lebendig erinnern.

Was wir machen ist, dass wir mit unserem heutigen Vorstellen, die Erinnerungen abbilden. So kommen wir aber nie in die Wirklichkeit von damals hinein. Wir werden lernen, von der Zukunft in die Vergangenheit hineinzusegeln, so dass wir ganz darin sind, dass wir ganz darin bleiben und dann können wir erleben, was für einen Zustand des Bewusstseins ein Kind hat. Das können wir nicht einmal.

Wir können auch nicht fühlen, wie die Menschen im Mittelalter sich gefühlt haben. Man denkt es nach mit dem heutigen Denken und schlägt ganz daneben. Wie ein Grieche erlebt hat, ist noch viel weniger fassbar und wie der Mensch im Alten Testament innerlich gestaltet war, davon kann man nur eine leise Ahnung bekommen, wenn man die Bilder des Alten Testaments vorurteilsfrei aufnehmen kann, so dass man seine heutige Art des Denkens und Erlebens vergisst.

Aber der Text ist schon nicht mehr, was er war...

Eine Teilnehmerin weist daraufhin, dass das Kind rundum das 9. Jahr die Entwicklung im Bewusstsein hat, die dem Alten Testament entspricht und es deshalb auch dann so empfänglich dafür ist. Das kann zu den größten Erlebnissen gehören. Das Kind nimmt nicht nur den Text als Inhalt auf, sondern die ganze Gewalt der Darstellung.

Dann kommt der Sohn. Und Paulus ist derjenige, der den Übergang beschreibt.

In den Evangelien spricht der Christus selbst. Paulus schaut den

Auferstandenen. Paulus durchschaut dadurch die Änderung im Menschen. Er spricht aus, wie das alte Gesetz sich durch Christus verinnerlicht hat. Das Gesetz kommt nicht mehr von außen, sondern lebt im Innern auf.

Brief an die Römer, Kapitel 7.

Wisset ihr nicht, liebe Brüder (denn ich rede mit solchen, die das Gesetz wissen), daß das Gesetz herrscht über den Menschen solange er lebt? Denn ein Weib, das unter dem Manne ist, ist an ihn gebunden durch das Gesetz, solange der Mann lebt; so aber der Mann stirbt, so ist sie los vom Gesetz, das den Mann betrifft. Wo sie nun eines andern Mannes wird, solange der Mann lebt, wird sie eine Ehebrecherin geheißen; so aber der Mann stirbt, ist sie frei vom Gesetz, daß sie nicht eine Ehebrecherin ist, wo sie eines andern Mannes wird. Also seid auch ihr, meine Brüder, getötet dem Gesetz durch den Leib Christi, daß ihr eines andern seid, nämlich des, der von den Toten auferweckt ist, auf daß wir Gott Frucht bringen.

Denn da wir im Fleisch waren, da waren die sündigen Lüste, welche durchs Gesetz sich erregten, kräftig in unsern Gliedern, dem Tode Frucht zu bringen. Nun aber sind wir vom Gesetz los und ihm abgestorben, das uns gefangen hielt, also daß wir dienen sollen im neuen Wesen des Geistes und nicht im alten Wesen des Buchstabens.

Was wollen wir denn nun sagen? Ist das Gesetz Sünde? Das sei ferne!

Aber die Sünde erkannte ich nicht, außer durchs Gesetz. Denn ich wußte nichts von der Lust, wo das Gesetz nicht hätte gesagt: „Laß dich nicht gelüsten!“ Da nahm aber die Sünde Ursache am Gebot und erregte in mir allerlei Lust; denn ohne das Gesetz war die Sünde tot. Ich aber lebte weiland ohne Gesetz; da aber das Gebot kam, ward die Sünde wieder lebendig, ich aber starb; und es fand sich, daß das Gebot mir zum Tode gereichte, das mir doch zum Leben gegeben war. Denn die Sünde nahm Ursache am Gebot und betrog mich und tötete mich durch dasselbe Gebot. Das Gesetz ist ja heilig und das Gebot ist heilig, recht und gut. Ist denn, das da gut ist, mir zum Tod geworden? Das sei ferne! Aber die Sünde, auf daß sie erscheine, wie sie Sünde ist, hat sie mir durch das Gute den Tod gewirkt, auf daß die Sünde würde überaus sündig durchs Gebot.

Denn wir wissen, daß das Gesetz geistlich ist; ich bin aber fleischlich, unter die Sünde verkauft. Denn ich weiß nicht, was ich tue. Denn ich tue nicht, was ich will; sondern, was ich hasse, das tue ich. So ich aber das tue, was ich nicht will, so gebe ich zu, daß das Gesetz gut sei. So tue ich nun dasselbe nicht, sondern die Sünde, die in mir wohnt. Denn ich weiß, daß in mir, das ist in meinem Fleische, wohnt nichts Gutes. Wollen habe ich wohl, aber vollbringen das Gute finde ich nicht. Denn das Gute, das ich will, das tue ich nicht; sondern das Böse, das ich nicht will, das tue ich. So ich aber tue, was ich nicht will, so tue ich dasselbe nicht; sondern die Sünde, die in mir wohnt.

So finde ich mir nun ein Gesetz, der ich will das Gute tun, daß mir das Böse anhangt. Denn ich habe Lust an Gottes Gesetz nach dem inwendigen Menschen. Ich sehe aber ein anderes Gesetz in meinen Gliedern, das da widerstreitet dem Gesetz in meinem Gemüte und nimmt mich gefangen in der Sünde Gesetz, welches ist in meinen Gliedern. _Ich elender Mensch! Wer wird mich erlösen von dem Leibe dieses Todes? Ich danke Gott durch Jesum Christum, unserm HERRN. So diene ich nun mit dem Gemüte dem Gesetz Gottes, aber mit dem Fleische dem Gesetz der Sünde.

Römer - Kapitel 8.

So ist nun nichts Verdammliches an denen, die in Christo Jesu sind, die nicht nach dem Fleisch wandeln, sondern nach dem Geist. Denn das Gesetz des Geistes, der da lebendig macht in Christo Jesu, hat mich frei gemacht von dem Gesetz der Sünde und des Todes. Denn was dem Gesetz unmöglich war (sintemal es durch das Fleisch geschwächt ward), das tat Gott und sandte seinen Sohn in der Gestalt des sündlichen Fleisches und der Sünde halben und verdammte die Sünde im Fleisch, auf daß die Gerechtigkeit, vom Gesetz erfordert, in uns erfüllt würde, die wir nun nicht nach dem Fleische wandeln, sondern nach dem Geist.

Denn die da fleischlich sind, die sind fleischlich gesinnt; die aber geistlich sind, die sind geistlich gesinnt. Aber fleischlich gesinnt sein ist der Tod, und geistlich gesinnt sein ist Leben und Friede. Denn fleischlich gesinnt sein ist wie eine Feindschaft wider Gott, sintemal das Fleisch dem Gesetz Gottes nicht untertan ist; denn es vermag's auch nicht. Die aber fleischlich sind, können Gott nicht gefallen. Ihr aber seid nicht fleischlich, sondern geistlich, so anders Gottes Geist in euch wohnt. Wer aber Christi Geist nicht hat, der ist nicht sein. So nun aber Christus in euch ist, so ist der Leib zwar tot um der Sünde willen, der Geist aber ist Leben um der Gerechtigkeit willen. So nun der Geist des, der Jesum von den Toten auferweckt hat, in euch wohnt, so wird auch derselbe, der Christum von den Toten auferweckt hat, eure sterblichen Leiber lebendig machen um deswillen, daß sein Geist in euch wohnt.

So sind wir nun, liebe Brüder, Schuldner nicht dem Fleisch, daß wir nach dem Fleisch leben. Denn wo ihr nach dem Fleisch lebet, so werdet ihr sterben müssen; wo ihr aber durch den Geist des Fleisches Geschäfte tötet, so werdet ihr leben.

Denn welche der Geist Gottes treibt, die sind Gottes Kinder. Denn ihr habt nicht einen knechtischen Geist empfangen, daß ihr euch abermals fürchten müßtet; sondern ihr habt einen kindlichen Geist empfangen, durch welchen wir rufen: Abba, lieber Vater! Derselbe Geist gibt Zeugnis unserem Geist, daß wir Kinder Gottes sind. Sind wir denn Kinder, so sind wir auch Erben, nämlich Gottes Erben und Miterben Christi, so wir anders mit leiden, auf daß wir auch mit zur Herrlichkeit erhoben werden.'

Es gibt ein Motett von Bach, Jesu meine Freude, das besingt dieses 8. Kapitel in choralartigen Hymnen und chorartigen Paulus-Text.

Es bedeutet nicht, dass das alte Gesetz abgeschafft ist. ‚Es gilt noch jeder Buchstabe des Gesetzes', wie Christus es sagt, aber in einer ganz anderen Weise. Die Liebe wird das erste Gebot. Aber das, sagt dann Rudolf Steiner, kann nur ein Mensch wie Johannes oder Paulus sagen, denn wenn ein gewöhnlicher Mensch das sagt, ist es ein leerer Satz.

Die Liebe wird erst nach vielem Leiden errungen. So ist zum Beispiel das Sabbat-Gesetz noch immer eine Verpflichtung, auch für uns. Aber wir befolgen es, wenn wir 1/7 unserer wachen Zeit an Meditation und Gebet hingeben.

Dann noch den Brief an den Galater, Kapitel 5 und 6. Er spricht zu anderen Brüdern.

‚So bestehet nun in der Freiheit, zu der uns Christus befreit hat, und lasset euch nicht wiederum in das knechtische Joch fangen.

Siehe, ich, Paulus, sage euch: Wo ihr euch beschneiden lasset, so nützt euch Christus nichts. Ich bezeuge abermals einem jeden, der sich beschneiden läßt, daß er das ganze Gesetz schuldig ist zu tun. Ihr habt Christum verloren, die ihr durch das Gesetz gerecht werden wollt, und seid von der Gnade gefallen. Wir aber warten im Geist durch den Glauben der Gerechtigkeit, auf die man hoffen muß. Denn in Christo Jesu gilt weder Beschneidung noch unbeschnitten sein etwas, sondern der Glaube, der durch die Liebe tätig ist.

Ihr liefet fein. Wer hat euch aufgehalten, der Wahrheit nicht zu gehorchen? Solch Überreden ist nicht von dem, der euch berufen hat.

Ein wenig Sauerteig versäuert den ganzen Teig. Ich versehe mich zu euch in dem HERRN, ihr werdet nicht anders gesinnt sein. Wer euch aber irremacht, der wird sein Urteil tragen, er sei, wer er wolle.

Ich aber, liebe Brüder, so ich die Beschneidung noch predige, warum leide ich denn Verfolgung? So hätte ja das Ärgernis des Kreuzes aufgehört. Wollte Gott, daß sie auch ausgerottet würden, die euch verstören!

Ihr aber, liebe Brüder, seid zur Freiheit berufen! Allein sehet zu, daß ihr durch die Freiheit dem Fleisch nicht Raum gebet; sondern durch die Liebe diene einer dem andern. Denn alle Gesetze werden in einem Wort erfüllt, in dem: „Liebe deinen Nächsten wie dich selbst.“ So ihr euch aber untereinander beißet und fresset, so seht zu, daß ihr nicht untereinander verzehrt werdet.

Das Leben im Geist

Ich sage aber: Wandelt im Geist, so werdet ihr die Lüste des Fleisches nicht vollbringen. Denn das Fleisch gelüstet wider den Geist, und der Geist wider das Fleisch; dieselben sind widereinander, daß ihr nicht tut, was ihr wollt. Regiert euch aber der Geist, so seid ihr nicht unter dem Gesetz.

Offenbar sind aber die Werke des Fleisches, als da sind: Ehebruch, Hurerei, Unreinigkeit, Unzucht, Abgötterei, Zauberei, Feindschaft, Hader, Neid, Zorn, Zank, Zwietracht, Rotten, Haß, Mord, Saufen, Fressen und dergleichen, von welchen ich euch zuvor gesagt und sage noch zuvor, daß, die solches tun, werden das Reich Gottes nicht erben. Die Frucht aber des Geistes ist Liebe, Freude, Friede, Geduld, Freundlichkeit, Gütigkeit, Glaube, Sanftmut, Keuschheit. Wider solche ist das Gesetz nicht.

Welche aber Christo angehören, die kreuzigen ihr Fleisch samt den Lüsten und Begierden. So wir im Geist leben, so lasset uns auch im Geist wandeln. _Lasset uns nicht eitler Ehre geizig sein, einander zu entrüsten und zu hassen.

Galater - Kapitel 6

Liebe Brüder, so ein Mensch etwa von einem Fehler übereilt würde, so helfet ihm wieder zurecht mit sanftmütigem Geist, ihr, die ihr geistlich seid; und sieh auf dich selbst, daß du nicht auch versucht werdest. Einer trage des andern Last, so werdet ihr das Gesetz Christi erfüllen.

So aber jemand sich läßt dünken, er sei etwas, so er doch nichts ist, der betrügt sich selbst. Ein jeglicher aber prüfe sein eigen Werk; und alsdann wird er an sich selber Ruhm haben und nicht an einem andern. Denn ein jeglicher wird seine Last tragen.

Der aber unterrichtet wird mit dem Wort, der teile mit allerlei Gutes dem, der ihn unterrichtet. Irrt euch nicht! Gott läßt sich nicht spotten. Denn was der Mensch sät, das wird er ernten. Wer auf sein Fleisch sät, der wird von dem Fleisch das Verderben ernten; wer aber auf den Geist sät, der wird von dem Geist das ewige Leben ernten. Lasset uns aber Gutes tun und nicht müde werden; denn zu seiner Zeit werden wir auch ernten ohne Aufhören. Als wir denn nun Zeit haben, so lasset uns Gutes tun an jedermann, allermeist aber an des Glaubens Genossen.

Sehet, mit wie vielen Worten habe ich euch geschrieben mit eigener Hand! Die sich wollen angenehm machen nach dem Fleisch, die zwingen euch zur Beschneidung, nur damit sie nicht mit dem Kreuz Christi verfolgt werden. Denn auch sie selbst, die sich beschneiden lassen, halten das Gesetz nicht; sondern sie wollen, daß ihr euch beschneiden lasset, auf daß sie sich von eurem Fleisch rühmen mögen. Es sei aber ferne von mir, mich zu rühmen, denn allein von dem Kreuz unsers HERRN Jesu Christi, durch welchen mir die Welt gekreuzigt ist und ich der Welt. Denn in Christo Jesu gilt weder Beschneidung noch unbeschnitten sein etwas, sondern eine neue Kreatur. Und wie viele nach dieser Regel einhergehen, über die sei Friede und Barmherzigkeit und über das Israel Gottes. Hinfort mache mir niemand weiter Mühe;

denn ich trage die Malzeichen des HERRN Jesu an meinem Leibe. Die Gnade unsers HERRN Jesu Christi sei mit eurem Geist, liebe Brüder! Amen.‘

Viel später gab es einen Menschen, der seinen Namen umgewandelt hat in ‚Angelus Silesius‘, der silesische Engel. Er hat Sprüche geschrieben und sie versammelt in einem Band mit dem Titel: Cherubinischer Wandersmann. Ich habe sie kennengelernt in meiner ersten Zeit der Anthroposophie. Mich hat die Kühnheit getroffen, wie weit er geht in seinen Aussprachen in Bezug auf das Verhältnis zu Gott.

‚Gott, der die Welt gemacht, und wieder kann zunichten, kann nicht ohne meinen Willen, die Neugeburt ausrichten.‘

‚Weil ich das wahre Licht, so wie es ist soll sehen, so muss ich es selber sein, sonst kann es nicht geschehen.‘

‚Gott, Teufel, Welt und alles will in mein Herz hinein, es muss ja wunderschöner und großer Adel sein.‘

‚Ich muss Maria sein, und Gott aus mir gebären, soll er mir ewiglich die Seligkeit gewähren.

‚Mensch, ich bin edler als alle Seraphim, ich kann wohl sein was sie, sie nie was ich je bin.'

‚Der wahre Gottessohn ist Christus nur allein, doch muss ein jeder Christ derselbe Christus sein.'

Nach der Pause wollen wir versuchen, wachend in das Gewissen hineinzukommen, was sonst nur in Nachgefühlen dumpf in uns aufsteigt.

# ZEHNTE STUNDE

Wir bleiben bei derselben Meditation: *Im strahlende Licht lebt strömende Weisheit.*

Zuerst im Denken, dann mit dem Gefühl, dann mit dem Willen mitgehen und dann die Tätigkeit an sich. Wenn wir diese dann noch wegtun, dann bleibt eine Quelle übrig. Aus dieser Quelle müsste vielfach etwas zu uns sprechen in Gefühlen oder gedankenartigen Gefühlen, Erlebnissen. Das wäre dann das Gewissen. Wir können versuchen das Gewissen in uns wach zu rufen. Es lebt im Willen. Ich habe in meinem letzten Buch über das Leben zwischen Tod und Geburt - mich darauf besonnen, bin darin eingestiegen, in diese Prozesse die stattfinden, wenn man stirbt. Da wurde mir auch wiederum bewusst, es wurde erlebbar, wie der Wille im Leben fortwährend danach hungert, dass er das tun könnte, was er eigentlich will und was dann fortwährend zu wenig ist. Das ist das Erste, was man unmittelbar nach dem Tod erlebt. Einerseits ist da die Befreiung der Willenskraft des vergangenen Lebens, das ist ein gewaltiger Jubel, aber andererseits wird alles dasjenige anschaulich, was man gewollt hat und was nicht verwirklicht ist. Das ist viel mehr. Das ist dieses Gebiet des Gewissens, das weiß man während des Lebens auch fortwährend. Es ist beunruhigend, um zu viel danach zu lauschen. Wenn man fragt: Wo finde ich den Christus? Das ist da, es ist der Cherubinische Aspekt von Christus.

Es wird meditiert.

Wir steigen zu dem tiefen Willen herab und dieser Wille hat ein Erleben.

Teilnehmer: Der Zustand war sehr fragil. Es war als ob ich mich selbst nicht mit dem Denken betrachten konnte. Ich musste sehr vorsichtig bleiben, um den Zustand nicht wieder zu zerstören. Deshalb war es ein Verweilen in dem Zustand, ganz vorsichtig. Ich habe nicht gewagt, die Erinnerung zu verwenden. Der Blick auf mich selbst - es war ein Gefühl da, ich kann auf mich selbst schauen. Es gab da nicht die gewöhnlichen Urteile, was man wohl oder nicht tut. Es war da ein Gefühl von einer Sicherheit. Dass, wenn es je zu einem Urteil kommen würde, dass genügend Sicherheit da ist, um nicht zu erschrecken. Das Gefühl ist eine lichte Sicherheit, eine Distanz zu dem, auf wen ich als ‚mich' schaue.

Teilnehmerin: Ich habe das Gewissen gesucht - und es nicht gefunden. Ich habe wahrscheinlich zu viel gesucht nach etwas was ich kenne. Es war zu viel ein Denken.

Teilnehmer: Es geht eigentlich wieder um das Willenswesen, das Bewusstseinswesen, worüber Steiner spricht und worauf du immer aufmerksam machst. Das ist so fremd, weil man es zunächst überhaupt nicht ist und anderseits ist es das ureigenste Wesen von einem, das man hier entdeckt. Man kommt kaum heran. Man kommt überhaupt erst daran, wenn alles schweigt. Aber das macht es so schwierig, weil es wie eine völlig andere Welt ahnend an einen herankommt und man es nur schweigend erkennen lernt, wenn man es überhaupt kennenlernt.

Teilnehmer: Ich hatte das Gefühl, man kommt da an ein Wesen heran, das nur Barmherzigkeit und Freundlichkeit ist.

Teilnehmer: Ich fand ein Gewissensaspekt darin, dass ich jetzt hier bin, dass ich hier an der Arbeit bin, dass ich dies gesucht habe. Nicht zu bleiben, wo ich bin und wo ich mich kenne, sondern hinzugehen, wo ich nicht bin, wo ich mich nicht kenne. Wo ich werden kann. Im Anfang war es eine Empfindung: Ich bin nicht genug. So, wie ich bin, es ist zu wenig.

Teilnehmerin: Ich habe gefühlt, wie der Einsatz noch immer nicht stark genug ist, eine Nachlässigkeit, eine Unterlassung.

Teilnehmerin: Es gibt auch Mut. Man spürt das Gewissen, aber es sind solche Kräfte da, dass ich hoffen darf, dass es auch Hilfe geben wird, das zu erreichen.

Teilnehmerin: Ich habe eine solche Scheu, dahin zu schauen. Die Ehrfurcht kommt jetzt gar nicht mehr zur Sprache. Es ist etwas ganz unglaublich Erhabenes, ohne dass ich aufschaue.

Hier in dieser Übung gehen wir mehr oder weniger ‚blind' zu diesen Wesen. Wir schauen nicht auf, nicht ab. Die Ehrfurcht wird jetzt nicht im Gefühl zuvor erweckt, darin, in der Ehrfurcht, kann man immer noch sehr selbstgefällige Züge haben. Hier wird die Ehrfurcht erzeugt dadurch, dass man *sich* zum Schweigen bringt. Man muss durch diese Schritte soweit kommen, dass das gewöhnliche Willenswesen nicht mehr da ist, dass man sich versetzt in das eigentliche Willenswesen, das nur spricht, wenn das gewöhnliche Willenswesen nicht spricht, nicht da ist. Das *ist* die Ehrfurcht als Zustand. So kann man sie erreichen, als Wesenheit der Seele. Der gewöhnliche Wille wird still, schweigt. Wir haben das systematisch gemacht, durch die Aufeinanderfolge der Stufen in der Meditation. Letztendlich ist alles abgelegt, sogar der Wille in der Meditation. Erst wenn die Tätigkeit auch zur Ruhe gebracht ist, dann kann im Herzensgrund der eigentliche Geist-Wille reifen. Das spricht dann bewusst im Bewusstsein, das spricht auch: Du bist noch nicht wer du sein könntest. Es ist der Erziehungs-Wille. Eine realisierte Ehrfurcht ist das. Was man mit dem Gefühl versucht, das wird durch diese Schritte erreicht. Obwohl es sich ganz anders anfühlt als die gefühlte Ehrfurcht, weil sie nicht tief genug ist. Es stimmt letztendlich ganz zusammen.

Teilnehmerin: Ich habe sie nicht gefunden, die Wesen. Gestern habe ich die Throne noch ahnen können. Die Cherubim gar nicht...

Gestern haben wir das Gliedmaßensystem ausgehend vom Ich kennengelernt, das wir als Leib haben. Im Ich ist das geistig so. Dass man ganz in den Umkreis kommt und sich dann doch noch getragen fühlt, das war gestern. Und jetzt muss man abwarten, was das Gewissen spricht. Mit Verständnis und Aufmerksamkeit spüren, was das Ich erlebt. Ganz im Innern wird es immer ruhiger und dann wird das getragen, aber da lebt auch innerlich im Ich etwas. Das Gewissen.

In der Passionsmusik spricht das Gewissen am stärksten nach der Verleugnung durch Petrus, sowohl in der Johannes Passion wie auch in der Matthäus Passion. In einer ganz anderen Art klingt das vielleicht noch stärker musikalisch in der Oper „Parsifal" von Wagner, im 1. Teil am Ende, in der Verwandlungsmusik, bevor der Gral enthüllt werden wird. Da klingt die Trauer des Gewissens von Amfortas. Es klingt auch schon in der Erzählung durch Gurnemanz über Klingsor und Amfortas. Trauer über die menschliche Fehlbarkeit. Die Stimme des Gewissens ist eine Trauer. Der Wahn der eigenen Vollkommenheit wird zerbrochen und man muss einsehen: Das ist ein Fehler.

Es wird gesungen: Heilig, Heilig, Heilig...

# ELFTE STUNDE

Der Chor der Urtriebe von Fercher von Steinwand wurde durch vier Teilnehmer vorgetragen. Das ganze Gedicht steht im Anhang.

Morgen können wir es noch mal wiederholen, mit den gleichen Sprechern oder mit anderen.

Wir lassen die Wirkung in uns weiter zu, sie waltet noch stark im Raum...

Die Wirkung wird weitergeführt in der Übung von heute Morgen, wir machen sie noch einmal. Die Willenskraft ist im Raum fast greifbar, also das Denken ist jetzt nicht richtig, wir fangen mit dem Fühlen an und gehen dann zum Wollen weiter. Dann nur die Tätigkeit und diese letztendlich auch noch verlieren, vergessen, zur Ruhe bringen.
Wir nehmen die Willensentfaltung ganz zurück. Übrigbleibt dann das Ich, das die Ruhe zu Stande bringen kann. In diesem Ich suchen wir das innerliche Erleben. Fühlen wir den Inhalt:

*Im strahlenden Licht lebt strömende Weisheit.*

Der Cherubim hat das Wissen von Gott als höchste Gewissenhaftigkeit und spricht im innersten Teil des Ich mit der Stimme des Gewissens. Das versuchen wir zu erleben.
Die Willenskraft wird hier geläutert zu ihrer höchsten Fähigkeit; Wahrnehmungs- und Begriffskraft im Geistigen. Wir rufen zuerst die gewöhnlichen Kräfte des Willens stark auf, um sie dann völlig beruhigen zu können. Im Chor der Urtriebe kommt die Anregung sehr stark auf; diese muss beruhigt werden. Das Wesen, das beruhigt, kommt dann erst auf. Diese Umwälzungen als Urtriebe werden immer wieder beruhigt und allmählich bekommen wir die beruhigenden Kräfte in die Hand und wir dürfen selbst eingreifen.

Die beruhigende Wesenheit muss in das Bewusstsein kommen und heute ist die Frage nach dem inneren Erleben dieses inneren Wesens. Durch die Throne getragen, durch die Cherubim ein Bewusstwerden des Inneren. Vom Ich bin zu Ich erlebe. Das Erleben ist dann Gewissen.

Wir brauchen ein Zitat von Rudolf Steiner:[2]

'Wenn der Mensch durchgegangen ist durch die Pforte des Todes und durchlebt hat jene Zeit, in welcher er Rückschau halten kann auf das bisherige Erdenleben, durchlebt hat die Zeit bis zu dem Punkt, da er den Ätherleib abgelegt hat, wenn der Mensch übergeht in die Kamaloka-Zeit, dann tritt er vor zwei Gestalten hin. Gewöhnlich wird nur eine von diesen erwähnt, aber wir können der Vollständigkeit halber sagen - und was ich jetzt erzähle, ist für jeden wahren Okkultisten eine reale Tatsache -: Es tritt der Mensch vor seiner Kamaloka-Zeit vor zwei Gestalten hin. Allerdings, was ich jetzt erzähle, gilt nur für die Menschen des Abendlandes und für alle diejenigen Menschen, welche mit der Kultur dieses Abendlandes in den letzten Jahrtausenden einen Zusammenhang gehabt haben. Da tritt der Mensch nach seinem Tode zwei Gestalten gegenüber: Moses ist die eine - der Mensch weiß ganz genau, daß er Moses gegenübertritt -, der ihm vorhält die Gesetzestafeln, im Mittelalter nannte man es « Moses mit dem scharfen Gesetz »,

und der Mensch hat ganz genau in seiner Seele das Bewußtsein, inwiefern er bis in das Innerste seiner Seele abgewichen ist von dem Gesetz. Die andere Gestalt ist diejenige, die man nennt «den Cherub mit dem feurigen Schwert», der da entscheidet über diese Abweichung.

Das ist ein Erlebnis, das der Mensch hat nach dem Tode, so daß wir in unserem geisteswissenschaftlichen Sinne sagen können: Das, was da dem Menschen entgegentritt durch diese zwei Gestalten, durch Moses mit dem scharfen Gesetz und durch den Cherub mit dem feurigen Schwert, es stellt gewissermaßen das karmische Konto fest.

Diese Tatsache geht in unserer Zeit einer Änderung entgegen. Und

---

[2] GA 130, Das esoterische Christentum., S. 166 ff.

das ist eine bedeutsame Änderung. Man kann diese Änderung dadurch ausdrücken, daß man sagt: Es wird in unserem Zeitalter der Christus der Herr des Karma für alle diejenigen Menschen, die das eben Besprochene nach ihrem Tode durchgemacht haben. Es tritt der Christus sein Richteramt an.

Stellen wir uns diese Tatsache genauer vor! Wir wissen ja alle aus der geisteswissenschaftlichen Weltanschauung, daß wir ein karmisches Lebenskonto haben, daß wir für gewisse Taten, die auf der einen Seite unseres karmischen Kontobuches stehen, für alle gescheiten Taten, für alle schönen Taten, für alle guten Taten einen gewissen karmischen Ausgleich zu erfahren haben, aber auch für alle bösen, häßlichen, unwahren Taten und Gedanken. Es kommt nun auf der einen Seite darauf an, daß der Mensch im weiteren Verlaufe seines Erdenlebens für sich selber dieses karmische Konto auslebt, aber es kommt auch darauf an, daß der Mensch dasjenige, was er ausleben kann dadurch, daß er gute Taten, schöne Taten auf seinem karmischen Konto hat, oder was er ausleben muß, weil er böse Taten hat, in den verschiedensten Taten ausleben kann. Es ist nicht eindeutig bestimmt, wie wir, sagen wir, den Ausgleich durch diese oder jene Tat in unserem künftigen Leben finden. Nehmen wir an, irgendein Mensch hätte dieses oder jenes Böse getan, so muß er ein Gutes tun, welches ausgleicht das Böse. Aber dieses Gute, das kann er in zweifacher Weise tun, so daß es vielleicht für ihn die gleiche Anstrengung bedeutet, wenn es nur wenigen Menschen zugute kommt oder so, daß es für ihn die gleiche Anstrengung bedeutet, wenn es vielen Menschen zum Heile gereicht.
Daß unser karmisches Konto in der Zukunft so ausgeglichen wird, das heißt in eine solche Weltordnung hineingestellt wird gegen die Zukunft, wenn wir den Weg zum Christus gefunden, daß die Art unseres karmischen Ausgleiches das größtmöglichste Menschenheil für den Rest der Erdenentwickelung hervorrufe, das wird die Sorge sein dessen, der von unserer Zeit an der Herr des Karma wird, es wird die Sorge Christi sein.

Mit dieser Übertragung des Richteramtes über die menschlichen Taten an den Christus ist aber verknüpft, daß dieser Christus auch unmittelbar eingreift in die menschlichen Geschicke. Nicht in einem physischen Leib, aber deshalb doch für diejenigen Menschen, die sich immer mehr und mehr die Fähigkeit erwerben werden, daß sie wahrnehmen können diesen Christus, für die wird der Christus eingreifen in die Geschicke der Erdenmenschheit. Da werden zum Beispiel Menschen sein, welche dieses oder jenes getan haben werden, irgendeine Tat vollbracht haben werden. Dann werden diese Menschen den Drang verspüren - und immer mehr und mehr wird es solche Menschen geben in den nächsten drei Jahrtausenden von unserem zwanzigsten Jahrhundert an -, etwas zurückzutreten von ihrer Tat, denn etwas wie ein merkwürdiges Traumbild wird ihnen aufsteigen. In diesem Traumbild werden sie wie traumhaft etwas sehen, was so aussieht, wie wenn es ihre eigene Tat wäre, aber doch werden sie sich nicht erinnern können, jemals getan zu haben, was in diesem Bilde auftritt.

Diejenigen aber, die sich nicht vorbereitet haben dafür, daß so etwas kommen wird in der Menschheitsentwickelung, die werden das nur als Ausbund einer wüsten Phantasie oder kranken Seele betrachten können. Jene aber, welche sich durch die neue Offenbarung, welche in die Menschheit kommt in unserer Zeit durch die Geisteswissenschaft, durch diese dritte Offenbarung des letzten Menschheitszyklus, genügend vorbereitet haben, werden wissen, daß dies heranwachsende neue Fähigkeiten der Menschen sind, solche Fähigkeiten, welche hineinschauen können in die geistige Welt. Und sie werden wissen, daß das Bild, das vor ihre Seele tritt, eine Vorherverkündigung jener karmischen Tat ist, welche eintreten muß einmal in der Zukunft, sei es in diesem Leben, sei es namentlich in den nächsten Erdenleben, um einen Ausgleich für das zu schaffen, was wir begangen haben. Kurz, die Menschen werden nach und nach die Fähigkeit erringen, den karmischen Ausgleich, die ausgleichende Tat, die in der Zukunft geschehen muß, zu schauen wie im Traumbilde. An dieser Tatsache können wir schon sehen, wie auch in unserer Zeit gesagt werden darf, ähnlich wie der Täufer Johannes am Jordan gesagt hat: Ändert die Seelenverfassung, denn neue Zeiten kommen, in denen neue Fähigkeiten der Menschen erwachen.‘

In Zukunft wird also die Fähigkeit erwachen, dass wir unmittelbar die Folgen unserer Taten sehen werden und das ist christliches Gewissen. Dann bekommt man nicht nur ein Gefühl oder Reue, aber der Ausgleich in der Zukunft wird dann erlebbar werden. Umgekehrt kann man sagen, dass diese Übung, die wir gemacht haben, wenn man die mit Treue, Durchhaltekraft und Ausdauer machen würde, immer wieder, dass man allmählich die Fähigkeit erlangt, Christus in der ätherischen Welt zu schauen. Dann muss man sterben wollen bevor man stirbt. Dann muss man die Überschau über sein Konto schon während des Erdenlebens von Sekunde zu Sekunde haben wollen. Man stirbt in jedem Augenblick und sieht, wo die Fehler liegen.

Hier muss man Melancholiker werden und nicht nur den optimistischen Blick haben. Es muss der Mut gefunden werden sich so anzuschauen, wie man sich anschauen wird, wenn Christus als Moses und Cherub zugleich uns anschauen wird nach dem Tod. Und wir werden in seinem Blick das ganze Konto anschauen. In seinem Hochmut meint der Mensch immer, dass alles doch nicht so schlimm sein kann. Der Blick für das Üble, das Ausgleich bedarf, ist etwas Schwieriges für den Menschen,- sich selbst als unvollkommen anschauen zu können.

Einerseits schaut man die göttliche Vollkommenheit an und im Kontrast dazu die Fehlbarkeit des eigenen Wesens. Wie die Waage sein wird, können wir nicht bestimmen, aber von Augenblick zu Augenblick mitgestalten lernen in Bewusstheit.

Nach der Pause werden wir die Übung nochmal wiederholen und die Schwere des Gewissens hervorrufen. Man wird nie Christus in der ätherischen Welt schauen können, wenn da nicht eine Anlage geweckt wird, um im Innern des Ich ein Erleben zu bekommen. Dieses Erleben ist im gewissen Sinn identisch mit dem Blick des Christus. So wie er uns anschaut - es wird gerade durch seine Liebe so schwer - schauen wir im Innersten des Ich uns selbst an.

In meine Sprechstunde in Den Haag kam ein Pfarrer. Wir lernten uns besser kennen und sprachen dann auch über andere Themen als Gesundheit. Er hatte eine quälende Schwierigkeit mit dem letzten Urteil. Dass er sich vorstellen musste, dass der letzte Tag kommt und dass dann alle Menschen beurteilt werden - definitiv. Er konnte das nicht akzeptieren, ganz ehrlich war er. Er wurde bis an den Rand des Unglaubens getrieben. Selbst sehe ich es als ein allmählich sich vollziehendes Urteil, einen Prozess, der sich nicht an einem Tag abspielt.

Ich konnte ihm doch helfen, weil ich ihm die Idee geben konnte, dass der Mensch immer mehr und mehr selbst über sich urteilt.

Dass er nicht passiv abzuwarten hat, sondern selbst gestaltet. Es wird immer mehr so werden, dass es bewusst wird, dass man weiß: So bin ich, so will ich nicht bleiben, deshalb muss ich dies und das erleben, um in ein besseres Gleichgewicht zu kommen. Bis ein Endurteil kommt, aber das habe ich dann auch selbst so gestaltet, mit Bewusstsein - und so wird auch das Urteil das Meinige sein. Es wird nicht von außen kommen, das wird von innen kommen. Das konnte er annehmen. Eigentlich ist er Anthroposoph geworden, ohne es zu wissen...

Teilnehmer; In der griechischen Tragödie gibt es die Schicksalsgöttinnen, die Erinnyen. Die tragen das Bild, was geschehen wird, von außen an den Menschen heran. Dann kommt die Zeit des innerlichen Gewissens. Und in der Zukunft wird es dann so sein, dass wieder imaginativen Bilder auftauchen, die dann ganz mit dem Innern zusammenhängen werden. So habe ich es jetzt verstanden.

Die Güte und die Liebe im Blick von Christus werden uns umgestalten.

# ZWÖLFTE STUNDE

Es ist natürlich nicht unsere Aufgabe, in eine Melancholie oder Depression wegen unserer Unvollkommenheit zu geraten. Wir müssen auch einen gewissen Realitätssinn haben. Nur wenn man sich sehr hoch hatte, ist der Blick auf sich selbst schmerzvoll. Wenn man immer schon ein Wissen von der eigenen Unvollkommenheit hatte, ist das nichts Neues, was man hier erlebt. So ist es ja auch bei dem vor den Hüter der Schwelle treten. Da erscheint ein Bild gewordenes Gewissen und das ist sehr leicht zu ertragen, wenn man sich bereits daran gewöhnt hat, dass es so ist, wie es ist. Es ist nur schwierig, wenn man eine Wahnvorstellung von sich selbst hat - und das haben natürlich doch viele Menschen.

Die Cherubim - wenn wir sie als Wesen im Weltenwort betrachten - sind die Kategorien von Aristoteles. Jeder Cherub wäre eine Kategorie, so könnte man es sehen: Zwölf Tierkreiswesen. Wenn wir bedenken, dass Aristoteles in seiner davorliegenden Inkarnation ein Lehrer, ein Eingeweihter sogar war in den Mysterien von Ephesos, wo die Mysterien des Wortes gewaltet haben, dann ist es sehr beeindruckend, sich bewusst zu werden, dass das Weltenwort bildlich gesprochen aus Buchstaben zusammengefügt ist und diese Buchstaben sind als Begriffskategorien erfasst und dies war im Leben von Aristoteles eine Erinnerung an die Mysterien von Ephesos. Wenn wir uns in das Wesen des Weltenwortes einleben, dann finden wir es da, wo die Trinität spricht: Im Anfang war das Wort und das Wort war bei Gott, und das Wort war Gott, und Gott hat das Wort auf einmal gesprochen.

Wir können es aber nicht auf einmal fassen, wir brauchen Äonen und Äonen, um uns da hineinzuleben. Und die Art, wie wir uns in unserer Zeit in das Wort hineinleben können, das sind die Kategorien, wovon Rudolf Steiner sagt, er habe die ganze Anthroposophie, also auch die Geheimwissenschaft, mit diesen Buchstaben gelesen.

Das hat mich so begeistert! (22.April 1924, Das Osterfest) Er hat es bei mehreren Gelegenheiten ausgesprochen. Wenn man dann das reine Denken spiritualisiert erlebt als lautloses Wort und als unsichtbares Licht, dann ist eine starke Sehnsucht da, dass das Wort auch klingen möge, sprechen möge, dass man da auch lesen könnte. Er nennt da acht Buchstaben, es sind auch eigentlich zehn, es sind sogar zwölf. Man möchte die Buchstaben so kombinieren lernen, dass eine ganze Geisteswissenschaft damit gelesen wird. Da möchte man tausend Jahre in einem Leben haben, um das üben zu können. Da sehen wir den cherubinischen Rudolf Steiner - auch ein Wandersmann -, einen Mann mit cherubinischer göttlicher Weisheit, um bis dahin zu schauen, wo das göttliche Wissen waltet. Das ist dann aber doch deutlich, dass nur derjenige das kann, der den Mut hat, immer wieder und wieder sich selbst zu prüfen. Kein Lesen mit den Kategorien ohne Gewissensprüfung.

Wir üben noch mal mit dem Blick auf die Unvollkommenheit unseres Wesens. Was sitzt in meinem Willen als Anliegen darin und was kommt davon?
Wir fangen wieder von vorne an und durchlaufen alle Stufen. Letztlich bringen wir die Aufmerksamkeit in die Richtung der ruhebringenden Wesenheit. Dann sagen wir oder hören um uns herum:

In mir, in meinem Ich, empfinde ich mein innerliches Erleben.

Ich fühle wissend mein Gewissen.

Es ist ein fühlendes Wissen, ein wissendes Fühlen - im Wollen. Im Wollen sind wir und wir haben das gewöhnliche Denken nicht mehr dabei.

Wir können uns freuen auf das Leben nach dem Tod, weil wir dann dasjenige, was wir jetzt keimartig erleben, dann ganz und voll entfalten werden. Und das Wunderbare wird sein, dass unsere Einstellung dann ganz geändert sein wird. Wir werden eine Sehnsucht danach haben, dass wir die Wahrheit anschauen können. Der Standpunkt ist umgestülpt und wir haben einen anderen Standpunkt als hier. Es sind nicht Gedanken, aber man weiß doch genau, was richtig ist und was nicht, was zu wenig war oder zu viel.

Wir können uns an den Vergleich mit der Embryologie erinnern: Eine massive Brombeere, die sich einstülpt. Da entsteht eine Innerlichkeit. Dieses Einstülpen im Ich ist Cherubinische Tätigkeit. Die Throne tragen, die Cherubim schaffen Innerlichkeit. Und dann entsteht ein zusammenfassendes Erleben, wer und was ich bin. Aber das wirkt nur, wenn man sein gewöhnliches Denken, Fühlen und Wollen ablegen kann und dann in den höheren Ausnahmezustand kommt, wo man nicht mit sich selbst verwachsen ist und außerhalb von sich selbst da sein kann in seiner eigentlichen Wesenheit, die *weiß*. Da kann so etwas erscheinen, wie wir es bei Rudolf Steiner anschauen können. Da geht das Gewissen über das Persönliche hinaus und wird eine Art von kosmischem Gewissen. Das tritt in den Vorträgen hervor mit dem Titel: Die Evolution vom Gesichtspunkt des Wahrhaftigen. Da wird die Evolution vom moralischen Standpunkt aus geschildert.

Das Gewissen ist eine kosmische Tatsache.

Morgen müssen wir das Jubeln lernen, um die Seraphim kennenlernen zu können. Nicht kühl, nicht lau, sondern ganz feurig. In der Apokalypse sehen wir die 24 Ältesten, die beten die Trinität an. Die beten nur Heilig, Heilig, Heilig, Heilig, fortwährend... feurig.

Das große Leid im Leben von Rudolf Steiner ist, dass die Menschen lau geblieben sind, dass sie das Feuer des Enthusiasmus nicht richtig entzünden konnten oder wollten. Sie haben das Wasser die Flammen löschen lassen...

## DREIZEHNTE STUNDE

‚Ich möchte jeden Menschen
Aus des Kosmos‘ Geist entzünden,
Daß er Flamme werde
Und feurig seines Wesens
Wesen entfalte.
Die Andern, sie möchten
Aus des Kosmos‘ Wasser nehmen,
Was die Flammen verlöscht
Und wässrig alles Wesen
Im Innern lähmt.

O Freude, wenn die Menschenflamme
Lodert auch da, wo sie ruht!
O Bitternis, wenn das Menschending
Gebunden wird da, wo es regsam sein möchte.‘

Rudolf Steiner, 1925

Ein Ruf am Ende seines irdischen Lebens. Es ist das Allerschwierigste für den heutigen Menschen, eine rein geistige Begeisterung aufzubringen. Der Verstand, die Philiströsität, machen uns lahm im Innern.

Es ist wirklich sehr schwierig, diese Erlahmung zu überwinden, weil man es gar nicht wagt, nach außen nicht, aber auch nach innen nicht.

Aber ohne diese Begeisterung verlieren wir die Verbindung mit der höchsten Hierarchie, den Seraphim, die die Wesen der Begeisterung sind. Aber es muss eine reine Begeisterung sein. Und weil der Mensch weiß, dass er nicht rein ist, hält er sich zurück. Es ist also auch eine Schwierigkeit, dass der Weg der Entwicklung so geht, dass wir durch die Herablähmung der Gedanken so weit von dem Göttlichen sein müssen, dass wir in dieser Lahmheit erst wirklich den Verlust spüren können und durch die Reinheit des lahmen Verstandes hindurch dann auch eine reine Begeisterung wieder finden können. Es ist aber immer noch besser, begeistert zu sein mit Beimischung einer gewissen Unreinheit, als ganz lahm, unbegeistert rein.

Die Seraphim werden uns wohl die Prüfungen schicken, damit die Begeisterung allmählich gereinigt wird. Ich habe selbst von Tag zu Tag damit gerungen, die Herablähmung durch den Verstand zu überwinden und es zu wagen, mit Begeisterung da zu sein. Im Innern spiegelt sich das. Man kann natürlich meinen, dass es möglich ist im geistigen Bereich einen Enthusiasmus zu haben und diesen nur da zu haben.

Aber dieses innerliche Feuer muss dann auch wiederum nach außen flammen können. So versucht der Mensch das menschliche Leben zu verstehen. Dadurch, dass die innerliche Entwicklung möglich ist, wird es immer mehr möglich, ein begeisterter Mensch zu werden.

In der anthroposophischen Sprachgestaltung, so wie wir sie gestern hörten, erlebt man doch: Das muss man wirklich wagen! Das wird natürlich so gelernt, aber man muss es doch wagen. Die Sprache mit soviel Mut zu gestalten, ob es nun ganz richtig das ist oder nicht - ist das Wagnis, denn ganz gelingt es natürlich nicht. Aber ich bewundere, wie ganz in die Sprache gebracht wird, was der Dichter gehört hat.

Der hat natürlich nicht herabgelähmte Begriffe in sich gehabt, er hat die Urtriebe in der Sprache verkörpern wollen. Wie muss man das dann vortragen... Wir haben vier Vortragende gehört und es schien mir, dass das, was bei dem einen fehlte, bei der anderen ganz gestaltet wurde und umgekehrt. Es ist ein Zeugnis, wie das Geisteswort flammen könnte. Die Seele und der Geist können aus dem Bereich des Geisteswortes schöpfen lernen und die Stimme mehr oder weniger überflüssig machen oder so etwas. Man müsste das alles zusammen in einen Menschen stecken können und noch mehr, dann würde es in die Richtung der Vollkommenheit gehen. Ich versuche mir dann vorzustellen, wie Marie Steiner gesprochen hat. Wie war das? Man möchte gerne das Ohr noch mal dahin legen: wie hat das ausgesehen und wie geklungen.

Mut zur Begeisterung, begeisterter Mut, Feuerflamme und kein Wasser.

Der Text in der Apokalypse, Kapitel 4:

‚Danach sah ich, und siehe, eine Tür war aufgetan im Himmel; und die erste Stimme, die ich gehört hatte mit mir reden wie eine Posaune, die sprach: Steig herauf, ich will dir zeigen, was nach diesem geschehen soll.

Und alsobald war ich im Geist. Und siehe, ein Thron war gesetzt im Himmel, und auf dem Thron saß einer; und der da saß, war gleich anzusehen wie der Stein Jaspis und Sarder; und ein Regenbogen war um den Stuhl, gleich anzusehen wie ein Smaragd. Und um den Thron waren vierundzwanzig Throne, und auf den Thronen saßen vierundzwanzig Älteste, mit weißen Kleidern angetan, und hatten auf ihren Häuptern goldene Kronen.

Und von dem Thron gingen aus Blitze, Donner und Stimmen; und sieben Fackeln mit Feuer brannten vor dem Thron, welches sind die sieben Geister Gottes. Und vor dem Thron war ein gläsernes Meer gleich dem Kristall, und mitten am Thron und um den Thron vier Gestalten, voll Augen vorn und hinten. Und die erste Gestalt war gleich einem Löwen, und die andere Gestalt war gleich einem Stier, die dritte hatte ein Antlitz wie ein Mensch, und die vierte Gestalt war gleich einem fliegenden Adler. Und ein jegliches der vier Gestalten hatte sechs Flügel, und sie waren außenherum und inwendig voll Augen und hatten keine Ruhe Tag und Nacht und sprachen: Heilig, heilig, heilig ist Gott der HERR, der Allmächtige, der da war und der da ist und der da kommt!

Und da die Gestalten gaben Preis und Ehre und Dank dem, der da auf dem Thron saß, der da lebt von Ewigkeit zu Ewigkeit, fielen die vierundzwanzig Ältesten nieder vor dem, der auf dem Thron saß, und beteten an den, der da lebt von Ewigkeit zu Ewigkeit, und warfen ihre Kronen vor den Stuhl und sprachen: HERR, du bist würdig, zu nehmen Preis und Ehre und Kraft; denn du hast alle Dinge geschaffen, und durch deinen Willen haben sie das Wesen und sind geschaffen.‘

Hier wird die Trinität auf dem Thron geschildert, mit den 24 Ältesten darum herum, die Geister, die der Trinität am nächsten sind, die die Lobpreisung von Gott fortwährend ausführen. Alanus ab Insulis sagt: Diese Wesen beten feurig liebend fortwährend Gott an, das ist ihre Tätigkeit. Und die vier Gestalten sind die vier Hauptpunkte des Tierkreises, wo wir die Cherubim gewahr werden lernen. Die preisen auch und sagen fortwährend Heilig, Heilig, Heilig... Das Bild aus der Apokalypse sollte uns hier fortwährend begleiten. Und Rudolf Steiner hat über die Offenbarung von Johannes gesagt, dass es das Meditationsbuch für die Priester ist und dass es in der meditativen Arbeit dann dazu kommt, dass man sein wahres Ich geistig findet. Das wird immer mehr verständlich. Throne, Cherubim, Seraphim ... es ist apokalyptische Ich-Wissenschaft. Möchte man die Apokalypse meditieren, dann müsste man es so machen wie jetzt.

Die Seraphim, die 24 Ältesten, prüfen uns fortwährend. Gestern hatten wir versucht einen Einblick in das Gewissen zu bekommen.

Wir haben den Text aus ‚Das esoterische Christentum' gehört, worin steht, dass wir in Zukunft nicht nur dumpf erleben werden, was die Stimme des Gewissens zu sagen hat, sondern dass wir schauen werden in einem Bild, was die karmische Folge sein wird. Nicht im Gefühl nur wird es erlebt werden, sondern die Seraphim werden mit Christus das Gefühl erhellen, sodass es zu einer Vorschau auf das Karma wird. Dann kommt auch die Möglichkeit, im heutigen Leben noch Maßnahmen zu treffen, um es wieder gutzumachen, auszugleichen.

Wenn man diese Bilder nicht hat, kann man sich dazu bereit machen durch Bewusstwerden, dass es die Seraphim sind, die die Prüfungen schicken als Schicksal. In den Prüfungen können wir die Flammenmacht der Seraphim spüren lernen. Dasjenige, was als Prüfungen geschickt wird, ist meine Vergangenheit. Das kann so auch eine Karma-Übung werden, um eine Empfindung des eigentlichen Wesens zu bekommen. Das Karma wird in das Leben hinein geatmet als Schicksal. Es formt mich. Zurück in sein Leben blickend, kann man die Früchte der Prüfungen erkennen lernen. Die Vergangenheit wirkt prüfend in das Heute hinein.

So wie ich gestern sagte, man kann Christus in der ätherischen Welt nicht schauen lernen, wenn man sein Gewissen nicht anschauen will, so kann man heute sagen: Man kann sein eigentliches Wesen, das aus der Vergangenheit gebildet in die heutige Inkarnation eingehaucht wird, man kann die aus der Vergangenheit kommende Wesenheit, die in gewissem Sinn abgerundet ist, nie erfassen, wenn man mit seinen Schicksalsprüfungen in Streit und Kampf lebt. Wenn man sein Schicksal nicht will, will man seine eigene Wesenheit nicht. Das kann man durchdenken, es liegt eine spirituelle Logik darin. Wenn man als Arbeitshypothese annehmen kann, dass es ein Vorgeburtliches gibt, dann ist es eine Selbstverständlichkeit, dass, was vom vorigen Leben jetzt noch greifbar ist, dass dies das Schicksal ist. Wenn man das nicht will, weist man fortwährend ab, was man sucht - und kann den innerlichen Entwicklungsweg nicht gehen. Das ist nicht produktiv. Wenn man es ernst nimmt mit der Meditation, wenn man sich dann immer noch betrinkt, dann baut man in der Meditation etwas auf und trinkt es wieder um. Das wird ein Bauarbeiter nicht tun: Die Mauer aufbauen und dann wieder abbrechen. Dass wir das tun könnten, kommt, weil wir es nicht sehen, dass wir abbrechen. Aber so etwas tun wir mit dem Schicksal. Die Geistesprüfungen wollen anerkannt werden, sonst erkennt man seine Vergangenheit nicht an. Die Geisterkenntnisfähigkeit bildet sich im Ich der vorherigen Inkarnation. Das sagen die Seraphim zu uns. Es ist absolut unproduktiv, wenn man sein Schicksal nicht will. Mit dem heutigen Ich kann man sich stark genug machen, um den Willen in das Denken hineinzubringen und dann stark genug sein, um aus dem Leib hinauszugehen. Dann ist man leibfrei und schläft dann ein. Denn außerhalb ist nichts da, dass das Bewusstsein aufrechterhalten kann. Man muss sein Schicksal wirklich wollen mit aller Kraft und allem Gefühl. Das ist die tragende Kraft außerhalb des Leibes. Das brauchen wir, um außerhalb des Leibes ein Ich bin Erleben haben zu können, um darin ein innerliches Erleben haben zu können und dann sogar noch eine innerliche Aktivität entfalten zu können, die ein Leuchten ist. Das wird nur möglich, wenn die Existenz außerhalb des Leibes stark wird durch das Wollen des Schicksals.

Teilnehmer: Ist da Buch Hiob so ein Beispiel?

Ja, er sagt seinem Gott nicht ab.

Der Verstand will unterscheiden, was aus der Vergangenheit kommt und was in die Zukunft weist. Es wird wohl gesagt, dass die Jugenderlebnisse mehr der Vergangenheit angehören, die Erlebnisse im Alter mehr der Zukunft. Aber es läuft natürlich auch durcheinander. Die allerbeste Weise, damit umzugehen scheint mir doch, es für die größte Möglichkeit zu halten, dass alles Ausgleich ist für Taten in der Vergangenheit. Man will das natürlich lieber nicht so sehen. Aber das macht für die Liebe zum Karma auch nichts aus. Man kann einigermaßen unterscheiden im Gefühl. Was sehr stark mit dem Gefühl erlebt wird, kommt aus der Vergangenheit. Was nicht viel Gefühlsregung gibt, ist neu, das erlebt man dann auch nicht als eine Prüfung. Wir können es auch allgemein auffassen, man kann in sein Leben zurückgehen und die allerschwerste Prüfung aufsuchen und davon fühlen, dass es eine letzte Äußerung der Vergangenheit ist. Man kann das als ein Wesen fühlen lernen, das in das heutige Ich als ein fremdes Wesen hineinatmet und trotz der Fremdheit ist es mehr eigen als das heutige Ich.

So kommen Empfindungen von der ewigen Individualität auf, ohne Namen zuerst, obwohl man das gerne hätte - man weiß genau, wer man ist als ewige Individualität, aber nicht historisch. Man braucht eine lange Zeit, um das auch zu finden. Es ist eine lebendige sichere Erfahrung, dass alle Prüfungen im Leben eingeatmete Wesenstaten sind. Die sind mir näher als das heutige Ich, obwohl sie auch fremd sind. Im ‚Laboratorium' der Meditation versuchen wir uns in einen solchen Zustand zu bringen. Das ruhebringende Ich ist dann das vertraute wahre Ich, obwohl es auch fremd ist.

Teilnehmer: Gilt das auch für hochentwickelte Seelen? Die haben auch Schwierigkeiten, wie ist da das Karma? Ist da etwas anderes tätig?

Das ist das Menschheitskarma, das wirkt. Das ist nicht auf persönliche Taten zurückzuführen, sondern auf Menschheitstaten. Gerade die christliche Aufgabe für diese Menschen ist, dass sie nicht mehr persönlich geprüft werden brauchen, dann doch leiden, weil sie bewusst mittun - und dann gerade nicht ein leidloses Leben haben. Der Prozess ist ähnlich, aber dann im Menschheitssinn. Es wird doch auch persönlich getragen werden müssen. Christian Rosencreutz wird von

Rudolf Steiner der größte Märtyrer genannt.

Für die Fruchtbarkeit der Impulse habe ich den Vorzug, die Prüfungen so aufzufassen, dass sie Ausgleich sind für vergangene Taten.

Dann hat man keine Ausreden, dass es doch keine Schuld sein kann.

Ganz ruhig und objektiv nimmt man das Karma hin als Prüfung der Seele und des Geistes. Und die Seraphim schicken Geistesprüfungen.

Es gibt noch andere Prozesse im ganzen Schicksal selbstverständlich. Aber heute muss die Feuerflamme brennen für die Stärkung der Seele durch den Geist. Eine glühende Begeisterung dafür müsste erweckt werden.

Wie kann je eine Freiheit entstehen, wenn man sich nicht stellen will im Moment des Überganges von der Vergangenheit in die Zukunft. Was aus der Vergangenheit kommt, ist zum größten Teil bestimmt durch die Hierarchien. Was aus der Zukunft zu uns strömt, hat auch schon eine gewisse Gestalt. Nur da, wo die Vergangenheit Zukunft wird oder wo die Zukunft in das jetzt hineinwill, da ist der Mensch frei. Wir finden den Punkt nicht, wenn wir die Vergangenheit nicht wollen. Man kann dann in diesem Punkt anders gestalten. Die Schicksalsimpulse kommen aus der Vergangenheit, aber sie liegen in der Zukunft verborgen.

Teilnehmerin: Die Begegnungen würden doch viel besser werden, wenn die Menschen davon wüssten, wie diese Prozesse sich gestalten?

Meistens weiß nur der eine Teil davon, der andere weiß es nicht und dann wird es anders, als es hätte gehen können. Das Leben würde viel besser werden, wenn die Antipathiekräfte abnehmen würden.

Wir werden dann nach der Pause wiederum unsere Übung fortsetzen und dann ganz feurig im Innern darum bitten, ob die Seraphim uns eine Ahnung von ihrer Wesenheit geben wollen.

# VIERZEHNTE STUNDE

Es gibt wirklich eine Ähnlichkeit mit der Embryologie. Wir hatten uns die Morula, die Brombeere, vorgestellt, worin ein Innenraum entsteht, wir haben dann die Gastrula. Dann gibt es noch einen nächsten Schritt, dass der Boden der Schale durchstoßen wird, und die Einstülpung weitergeführt wird bis in die Umstülpung. Dann entsteht auch ein Rohr, wenn die beiden losen Enden wieder aneinander wachsen, aber da ist das, was innen war, jetzt außen, und was außen war, ist jetzt innen. Rudolf Steiner hat das für die Ärzte ausgeführt und da gibt es eine Zeichnung, worin zuerst die Umstülpung stattfindet und das wird dann als die Schlange gezeichnet, die sich selbst in den Schwanz beißt und darum herum steht dann; E.D.N.; I.Chr. M.; P.S.S R. Das ist die Rosencreutzer Triade, könnte man sagen.

Wir haben am ersten Tag versucht, uns in das ruhebringende Ich zu versetzen und da die tragende gnadenvolle Gewalt der Throne versucht zu empfinden. Gestern,- als ob dieses Ich doch auch eine Innerlichkeit bekommt, dann bekommt es das auch und man erlebt sich ganz innerhalb. Jetzt muss dieses Innerliche eine Bewegung machen, dass es nach außen in die geistige Welt leuchten kann. Man kann dafür verschiedene Bilder wählen. Man kann sagen: Es ist die Umstülpung, wodurch das innerliche Licht nach außen gewendet wird, es wird dadurch erzeugt, dass das Ich zu sich sagen kann: Ich bin und ich erlebe und dies wird verstärkt durch die Kraft der Seraphim, wodurch es umgestülpt nach außen strahlt. Im gewöhnlichen Leben ist das nicht der Fall, wir sind jetzt in die Wirklichkeit aufgestiegen in das Gebiet der 1. Hierarchie, das ist der Bereich von Saturn, Tierkreis und noch darüber hinaus. Wir können uns auch vorstellen, dass die Seraphim die geistigen Lichterzeuger sind, dadurch, dass sie Feuer sind, Flammen, das macht uns leuchtend. Wenn die Begeisterung nicht eintritt, können wir nicht im Geistigen schauen, mit Lauheit geht das nicht. Einerseits kann man das nicht selbst zustande bringen, aber andererseits wird es auch nicht an uns zustande gebracht, wenn wir uns nicht in die richtige Verfassung bringen. Was muss ich selbst tun und was verrichtet die geistige Welt an mir? Und hier, in diesem höchsten Gebiet der geistigen Welt, kommt es doch wiederum darauf an, dass wir aktiv werden, dass wir das Flammenlicht leuchten lassen.

Wie man sich dann vorstellt, dass die Seraphim Flammenmacht sind, so kann man sich vorstellen, dass die Cherubim die Leuchter sind, worauf die Flammen brennen.

Aus dem Anfang der Offenbarung von Johannes:

Der Auftrag an Johannes

Ich, Johannes, der auch euer Bruder und Mitgenosse an der Trübsal ist und am Reich und an der Geduld Jesu Christi, war auf der Insel, die da heißt Patmos, um des Wortes Gottes willen und des Zeugnisses Jesu Christi. Ich war im Geist an des HERRN Tag und hörte hinter mir eine große Stimme wie einer Posaune, die sprach: Ich bin das A und das O, der Erste und der Letzte; und was du siehst, das schreibe in ein Buch und sende es zu den Gemeinden in Asien: gen Ephesus und gen Smyrna und gen Pergamus und gen Thyatira und gen Sardes und gen Philadelphia und gen Laodizea.

Und ich wandte mich um, zu sehen nach der Stimme, die mit mir redete. Und als ich mich umwandte, sah ich sieben goldene Leuchter und mitten unter den sieben Leuchtern einen, der war eines Menschen Sohne gleich, der war angetan mit einem langen Gewand und begürtet um die Brust mit einem goldenen Gürtel. Sein Haupt aber und sein Haar war weiß wie weiße Wolle, wie der Schnee, und seine Augen wie eine Feuerflamme und seine Füße gleich wie Messing, das im Ofen glüht, und seine Stimme wie großes Wasserrauschen; und er hatte sieben Sterne in seiner rechten Hand, und aus seinem Munde ging ein scharfes, zweischneidiges Schwert, und sein Angesicht leuchtete wie die helle Sonne. Und als ich ihn sah, fiel ich zu seinen Füßen wie ein Toter; und er legte seine rechte Hand auf mich und sprach zu mir: Fürchte dich nicht! Ich bin der Erste und der Letzte und der Lebendige; ich war tot, und siehe, ich bin lebendig von Ewigkeit zu

Ewigkeit und habe die Schlüssel der Hölle und des Todes. Schreibe, was du gesehen hast, und was da ist, und was geschehen soll darnach.

Das Geheimnis der sieben Sterne, die du gesehen hast in meiner rechten Hand, und die sieben goldenen Leuchter: die sieben Sterne sind Engel der sieben Gemeinden; und die sieben Leuchter, die du gesehen hast, sind sieben Gemeinden.[3]

Wir werden uns wiederum meditativ in den Satz vertiefen: *Im strahlenden Licht lebt strömende Weisheit*, in der Folge, wie wir das bis jetzt gemacht haben.

Es wird meditiert.

Das Ich fühlt sich getragen, hat ein innerliches Erleben und wird jetzt angefacht und fängt an zu leuchten.

Es ist immer wieder wichtig in das Bewusstsein zu bringen, dass die älteren christlichen Denker ganz gut gewusst haben, dass das, was man geistig denkt, auch erscheint. Denkt man den Geist, dann ist der Geist real da, denkt man die Natur, dann bleibt sie doch noch etwas auf sich Stehendes. Es bleibt ein Abgrund zwischen dem Denkenden und dem Gedachten. Denkt man mit dem Geist den Geist, dann hat man das, was geistige Wirklichkeit genannt wird. Es ist in erster Linie alles Vorstellung, aber die Vorstellungen sind real. In diesem Sinn ist dasjenige, was wir uns vorstellen - auch wenn es nicht ‚gelingt'- die Wirklichkeit selbst. Man muss das in sich selbst entdecken wollen.

Es ist der neue Glaube. Was uns durch Geisteswissenschaft gegeben ist, was wir vorstellen können, ist auch wirklich da. So, mit diesem Glauben, könnte man die Geheimwissenschaft lesen. Nicht: Ich kann es nicht verstehen und ich nehme es gläubig an, aber die Vorstellungstätigkeit selbst als Glaubensakt. Man braucht es dann gar nicht zu glauben - nicht im gewöhnlichen Sinn.

Hier üben wir die Ich-Denktätigkeit, die sich unterscheidet von der seelischen Denk- und Vorstellungstätigkeit. Das Entfalten von der Tä-

---

[3] Die Offenbarung von Johannes. (Apokalypse).

tigkeit ist immer noch die seelische Tätigkeit, sei es die höchste, die Bewusstseinsseelentätigkeit. Da ist das Ich schon als Punkt da. Wenn wir dann die Tätigkeit wegschaffen, dann erscheint das wahre Ich, das Bewusstseinswesen. Dieses Wesen ist das Ich, das bist Du.

Im Ich, so weit als wir jetzt sind, muss dann doch die Aktivität angefacht werden: das Leuchten. Es bleibt vielleicht Vorstellung. Aber die Vorstellung ist dann in diesem Fall doch eine Art Realität, was bei Vorstellungen der Sinneswelt nicht der Fall ist.

Teilnehmer: Es ist nicht möglich zu unterscheiden zwischen demjenigen, was Vorstellung ist und was dann Seraphim ist, weil- wenn das Leuchten einsetzt, dann sind Leuchten und Begeisterung nicht mehr zu unterscheiden. Ich hatte auch keine Schwierigkeiten zu wissen, wo ich es hernehme, wo das beginnt oder so etwas. Durch den Impuls, den Du hingesetzt hast, konnte das einfach so sein, dass Ich es bin, der das tun muss. Ich setze meine Kraft ein, die da leuchtet. Nun kann ich wohl nicht ganz genau erkennen: das sind ja die Seraphim...
Denn ich kenne sie ja nicht und kann sie nur denken. Aber denken kann ich, dass das, was dort Licht und Begeisterung gewesen sind, dass sie das sind. Ich muss nicht unterscheiden zwischen Vorstellung und Wirklichkeit, denn ich kann denken, dass das der Zipfel ist.

In diesem Sinn ist also die Vorstellung die Wirklichkeit. Es ist ein wesentliches Vorstellen. Da ist das Vorstellen nicht Abbild, sondern ist was es ist. Eine ganz andere Vorstellungskraft wird geboren.

Teilnehmer: Es ist mir schmerzlich bewusst, dass ich in der Natur immer die Vorstellung habe und nicht die Wirklichkeit. Das kenne ich ganz gut. Was wir jetzt gemacht haben, ist wirklich etwas anderes gewesen, wo ich keinen Anhaltspunkt hatte, um noch zu unterscheiden.

Wenn es da war, war es keine Vorstellung, aber es war wirklich da.

Teilnehmer: Ist es auch hilfreich, bestimmte Bilder hinzuzunehmen? In Nürnberg in der Frauenkirche sind die Throne als Bild da, mit

Augen und so weiter. Haben solche Bilder eine Bedeutung für die Imagination?

Ja, aber es bleiben Vorstufen für die Imagination, die bereichernd sind. Das Denken, die Bildung der Gedanken ist die eigentliche Imagination, das Fühlen wird Inspiration, das Wollen Intuition - aber das Denken wird erst Imagination, wenn es gefühlt wird - also wir müssen ganz beweglich werden. Kein Dogma hält es hier aus. Nach der Intuition kommt die Kraft, die ist dann objektiv inspirativ. Und wenn diese dann noch weg ist, wenn wir ganz in einer Leere darin sind, dann ist das die objektive Intuition, - aber dann erst wird man reif zur wahren Imagination.

Teilnehmerin: Wo ist das wahre Ich in diesem Prozess? Es war die Rede vom seelischen Ich, vom geistigen Ich, was ist das wahre Ich?

Diese Unterscheidung finde ich schwierig. Man findet sein Ich im Bereiche der ersten Hierarchie, wie es in Wahrheit ist. Aber es ist hier eine höhere Art des Ich, denn wir finden es in der höchsten Region der geistigen Welt, hier innerhalb der Sphäre der ersten Hierarchie. Hier lebt das wirkliche Ich. Selbstverständlich ist es da auch wahr und ist es auch herrlich. Wenn wir an Llull[4] denken, dann haben wir in den Thronen die Tugend, was diese tragende Gnade ist, in den Cherubim haben wir die Wahrheit und in den Seraphim haben wir die Gloria, die Herrlichkeit. Llull hat in seiner Erleuchtung bestimmt die Hierarchien wahrgenommen, aber bringt sie zurück zu neun Begriffen, zehn Begriffen und sagt: Das ist alles, was ist. Die zehnte Kategorie ist der Träger. Es sind also ganz andere Kategorien als die Kategorien von Aristoteles. Die Begriffe von Llull sind moralische Begriffe.

Wenn man dann fragt: Was für ein Ich ist das? Dann sollte man antworten: Es ist das tugendhafte, das wahre und herrliche Ich. Oder: Das Ich, das getragen wird durch die Throne, das Ich, das ein innerliches Erleben haben darf durch die Cherubim und das Ich, das auch

[4] Mieke Mosmuller, Die Kunst des Denkens, Occident. Ramon Llull, Die Ars Brevis.

leuchten darf durch die Seraphim. Es ist das höhere Ich, insoweit als die höheren Wesenheiten uns das geben.

In philosophischer Sprache finden wir dieses Ganze in *Philosophie und Anthroposophie* (GA 35). Da wird nicht von Hierarchien gesprochen, sondern von Prozessen in der Meditation und da erkennen wir das Ganze vollständig wieder.

Teilnehmerin: Statt einer Leichte fühle ich eher eine Schwere, wenn ich solche hohe Wesenheiten und Prozesse meditiere.

Das hat mit Entsprechung zu tun. Man entspricht den hohen Wesenheiten zu wenig. Aber alles ist Wachstumsprozess. Deshalb spreche ich auch über Vorstellung, diese geht der Wirklichkeit voran. Man braucht keine Furcht vor der Hoheit zu haben, denn alles muss immer weiter wachsen und man kann nicht anders, als mit Vorstellungen von etwas anzufangen, was man noch gar nicht hat.

Teilnehmer: Die erste Hierarchie wirkt im Willen bis in das Physische hinein. Wirken sie auch in das Ätherische und Astralische?

Es ist natürlich immer ein ganzer Chor wirksam. Man kann sagen: Die dritte Hierarchie wirkt vor allem im Ätherischen, die zweite Hierarchie im Astralischen, die erste Hierarchie im Ich. Aber man kann auch sagen: Die erste Hierarchie wirkt bis in das Physische, die zweite bis in das Ätherische, die dritte bis in das Astralische. Es ist immer die Frage: Welchen Standpunkt nehmen wir ein?

Teilnehmer erneut: Also kann man sagen: Im Ich ist der Wille zu Hause.

Teilnehmer: Wo müssen wir die erste Hierarchie in der geistigen Welt suchen? Im höheren Devachan?

Noch darüber hinaus. Die dritte Hierarchie wird als im niederen Devachan zu Hause beschrieben, die zweite im höheren und die erste in der Mitternachtsstunde und in der Nähe von der Trinität. Es gibt Malereien, die man daraufhin anschauen und, zum Beispiel, die *Göttliche Komödie* von Dante, in der man darüber lesen kann.

# FÜNFZEHNTE STUNDE

Es ist doch so eine Gesamtempfindung da (nach der Eurythmie), vielleicht dann nicht als tastbare Kraft, aber eine Gesamtempfindung gibt es doch sicher.

Lass uns dann jetzt diese Empfindung benutzen, um eine Prüfung des Schicksals aus unserem eigenen Leben vorzustellen, und dann nicht eine neue, nicht eine, die jetzt vielleicht sich vollzieht, aber eine alte, etwas weiter weg liegende Prüfung in der Vergangenheit, die also ein bisschen zur Ruhe gekommen ist. Und wenn wir uns das dann so gut wie möglich vorgestellt haben, dann können wir versuchen, den Urtrieb des Schicksals zu spüren, in gewissem Sinn die letzte Äußerung einer Vergangenheit, unser Wesen aus der Vergangenheit löst diese Prüfung aus, angeleitet durch die Seraphim. Und das können wir versuchen, ja zuerst vorzustellen, vielleicht doch auch wirklich zu spüren, mit der entwickelten meditativen Kraft, die wir inzwischen dann doch haben.

Das eigene Wesen verursacht die Schicksalsprüfungen. Also, wenn wir uns eine Prüfung aus der Vergangenheit vorstellen, in diesem Leben selbstverständlich, dann können wir versuchen uns vorzustellen, wie diese Prüfung eine Wirkung ist, die durch unser Wesen aus der Vergangenheit ausgelöst wird. Da ändert sich das Wesen, da wird ein Prozess ausgelöst. Jedes Mal, bei jeder Prüfung, ist ein Neuanfang da. Und schon während der Prüfung - aber wir schlafen natürlich meistens und sind dann also nicht frei darin - gibt es wache Augenblicke, dass man sich darauf besinnen kann und weiß: Innerhalb der Prüfung kann ich es anders machen, als was die Gewohnheit mir vorschreibt. Versuchen wir das.

Teilnehmerin: Ich habe es nicht verstanden. Ich tauche in eine Prüfung ein und dann soll ich dazu denken, das hängt mit meinem, mit mir, mit meiner Entwicklung zusammen? Und dann?

MM: Versuche, zu spüren, wie mein tieferes Wesen mich zu dieser Prüfung angeleitet hat und wie hohe Wesenheiten da wirksam sind.

Die Prüfung ist im gewissen Sinn das Ende eines Prozesses. Aber es geht vor allem darum, dass wir eine Ahnung bekommen von dieser Macht, die wir selbst sind, die diese Prüfung will, also tut, gibt.

Und weil wir auf Erden leben, finden wir, dass wir solche Prüfungen nicht haben sollten, weil wir nicht sehen können, was sie bewirken und dafür machen wir eine solche Übung und könnte eine solche Übung etwas Erlösendes haben, weil wir spüren, dass wir nicht nur in einem Buch lesen, dass wir es selbst sind oder dass ich es sage, aber dass man wirklich selbst fühlt, dass man das immer selbst ist, der das will, obwohl man das ‚nicht will'. Aber es ist ein anderer Wille und der wird sich in dem gewöhnlichen Willen auch spürbar machen, aber das führt dann jetzt zu weit. Wir suchen nach Mitteln, um dasjenige, was in Büchern geschrieben steht, zu verwandeln in ein eigenes *Erleben*.

Wir suchen zuerst also eine Erinnerung an eine Prüfung durch das Schicksal auf und wenn wir das vorgestellt haben, dann erweitern wir diese Vorstellung dadurch, dass wir fühlen, dass diese Prüfung aus einem Wesen kommt, dass diese Prüfung *will*- und das bin ich selbst.

Das ist vergleichbar mit diesem Wesen, das in der Meditation, letztendlich, im fünften Schritt die Ruhe bringt.

Es wird meditiert.

Und dann können wir versuchen, dieses, was das eigentliche Wesen, das ich bin, will, dass das geführt wird durch die Flammenmacht der Seraphim, die mit Blitzen und Donner und Sturm diese Schicksalsereignisse in unser Leben gewissermaßen einhauchen.

Es wird meditiert.

Wir haben zuerst den Chor der Urtriebe erlebt und das ist etwas,

was in künstlerischer Form großartig vielgestaltig ist. Und wenn wir dann mit Meditieren anfangen, dann bemerkt man natürlich, dass die Meditation ganz elementar ist, aber zu gleicher Zeit kann man doch auch spüren, dass da eine Möglichkeit wohnt, dass jeder Mensch sich selbstständig individuell dahin arbeitet, das selbst erleben zu können, was wir jetzt durch ein Gedicht aufnehmen. Also, was der Mensch in seinem Innern an Möglichkeit hat, um zu dem Geist zu kommen, das bringt den Menschen zuerst in ein rein geistiges Erleben, wo alles finster, lautlos, formlos und auch wirkungslos ist. Aber durch die innerliche Übung kommt man dann wirklich zu diesen Schöpferkräften, die in dem Gedicht darin sind. Sie sind darin, weil das von einem Menschen erfasst worden ist, der natürlich innerlich sehr entwickelt ist und der auch das Vermögen hatte, es auszudrücken.

# SECHZEHNTE STUNDE

Die Frage von heute Morgen soll noch eine Antwort finden: Wie gehen wir zu Hause, mit dem, was wir hier gemacht haben, um?

Die Meditation, die wir hier, also nicht heute Mittag, aber alle andere Male, gemacht haben, die ist natürlich doch grundlegend für die Meditation an sich. Also ich sehe eigentlich kein Problem darin, dass das eine Gewohnheit werden würde, um in diesem Sinn zu meditieren, dass man immer zuerst, wenn man anfängt mit der Meditation, eine solche Übung macht, zuerst denkt, dann fühlt, dann will, dann die Tätigkeit meditiert und dann diese Tätigkeit zur Ruhe bringt.

Dann kann man eigentlich in demjenigen Ich, das dann noch da ist, aufs Neue wieder anfangen mit einem Inhalt, den man dann immer meditiert. Dann hat man einen besseren Ausgangspunkt für die Meditation. Und das braucht auch nicht so viel Zeit zu nehmen, wie wir das jetzt gemacht haben. Es ist sogar im Alltag gut, sich selbst nicht zu viel Zeit zu geben. Also, wenn man einen solchen Satz *Im Strahlenden Licht lebt strömende Weisheit* wirklich intensiv denkt, ohne andere Gedanken, dann braucht das nicht einmal Minuten zu dauern.

Dann kann man dazu übergehen, den Inhalt wirklich so intensiv wie möglich zu fühlen und das ist dann schon mehr eine künstlerische Betätigung in der Meditation. Letztendlich versucht man, das auch zu wollen. Da muss man also eigentlich dasjenige werden wollen, was da gegeben wird, also selbst strahlendes Licht sein, worin man selbst als strömende Weisheit lebt, so ist es mit dem Willen.

Teilnehmerin: Man versucht dann, das zu werden?

Werden, ja. Natürlich gelingt es nicht vollkommen, aber das ist etwas anderes, man braucht nicht zu meinen, dass man das auch wirklich geworden ist, aber man kann es doch wollen, ganz zu werden. Und dann ist der Einsatz aller Kräfte in der Meditation ganz groß geworden. Dann kann man diesen Einsatz meditieren und dadurch wird die innerliche Regsamkeit eigentlich noch grösser. Man hat den Inhalt, davon hat man abgesehen und nur noch die Tätigkeit im geistigen Blick. Und dadurch, dass *diese* dann Inhalt für die Meditation wird, wird diese Tätigkeit noch großartiger, stärker. Aber das muss dann zur Ruhe gebracht werden. Das ist dann natürlich eine noch stärkere Tätigkeit, aber die kommt von einem anderen Gebiet, denn die Tätigkeit kann sich selbst nicht auslöschen, es muss ein Wille da sein, der auch genau weiß, wie *das* gemacht wird. Mit diesem Willen kann man dann die Meditation anfangen.

Wenn man mit den Hierarchien-Meditationen sowieso schon arbeitet, dann kann man diese darin einbetten.

Teilnehmerin: Ich habe an der Stelle eine Frage: Wenn ich diesen Satz konzentriert denke, dann bin ich doch durch die Konzentration im reinen Denken, ist das richtig? Und ich habe sehr, sehr lange so etwas gemacht und irgendwann habe ich gemerkt, dass ich gar nicht diese Begriffsarbeit tue und habe gedacht, ich habe es mir zu leicht gemacht, indem ich nur einen Satz meditiere. Es ist viel schwieriger einen Begriff zu entwickeln. Ich habe die Frage: Das eine ist doch, einen Begriff zu formen und dann zum reinen Denken zu kommen, das andere, einen Satz zu meditieren. Und da habe ich gedacht, das eine ist Meditation und das andere das reine Denken.

Es ist tatsächlich beim Denken des einen Satzes bestimmt noch nicht der Fall, dass da von dem reinen Denken geredet werden kann. Aber wenn dann auch das Fühlen hinein gebracht wurde und auch das Wollen und dann die Kraft erlebt und diese dann zur Ruhe gebracht wird, dann ist man in der Intuition und in dieser Intuition lebt auch das reine Denken. Aber ich gehe davon aus, dass die Spiritualisierung des Denkens hier zentral steht und das ist das begriffliche Denken, das ist so, wie wir es in *Suche das Licht* und in der *Philosophie der Freiheit* und *Die Kategorien* und überall zur Verfügung haben.

JM: Es wird aufgebaut auf dasjenige, was wir hier vorher gemacht haben.

Man kann nicht alles tun, was ich in den Seminaren anleite, das geht nicht, das braucht es auch nicht. In gewissem Sinn gibt es zwei Säulen und die sind immer da. Was wir jetzt hier gemacht haben, das könnte man tun, weil es Grundlage ist und eine Begriffsarbeit, die würde ich auch sehr raten, damit auch das Begriffsdenken wirklich lebendig wird. Aber was man dann weiter tut, ja, da muss man doch eine Wahl treffen, man kann nicht alles.

Teilnehmer: Jetzt noch die Frage: Wenn ich einen Text durcharbeite und ich komme an eine Stelle, die für mich eine Schlüsselstelle ist und ich will diese vertiefen, welche Art der Herangehensweise würdest du empfehlen, um das zu machen?

Mit der Art, die ich im lebendigen Denken beschrieben habe. Ja, es ist natürlich so, dass das Denken und auch das Sprechen, das Denken ganz und das Sprechen immer mehr, leblos ist und wird. Und wenn man ein Stück Text denkend verstehen will, dann muss man diesen sich eigentlich doch in eine Lebendigkeit verwandeln und das tut man dadurch, dass man sich viel Mühe macht, um mit dem Ich die Bedeutungen, die darin sind, zu durchdringen und sie dann lebendig miteinander zu verbinden. Das kann auch von selbst gehen, wenn es leicht verständlich ist, wenn man da leicht hineinkommt, dann hat man schon ein bisschen Lebendigkeit darin. Ich habe das ausführlich beschrieben und natürlich auch geübt in Seminaren: Wie vertieft man einen Text.

Dann gab es noch eine Frage nach den Verstorbenen, mit denen man während des Lebens eine Verbindung gehabt hat und die gestorben sind: Selbst lebe ich noch. Und wenn ich nun eine solche Arbeit mache, wie wir das jetzt gemacht haben, wie bezieht man sie dann darin ein oder ruft sie herbei?

MM: Für mich ist es immer so gewesen, dass man das Wesen eines verstorbenen Menschen unmittelbar erfassen kann, das ist direkt da. Man kann sich eine Vorstellung, ein Bild schaffen natürlich oder ein Ereignis aus der Erinnerung bedenken, um das zustande zu bringen, aber eigentlich genügt schon der Gedanke. Denke nur einmal an einen Geliebten, der gestorben ist, der Gedanke genügt, um ihn zu rufen.

Und dann braucht man den Namen nicht, man braucht das Geschlecht nicht, man braucht die Ereignisse nicht, man braucht die Kleider nicht, die Gestalt nicht, das ist alles in dem Gedanken drin. Es ist ein intuitives Erfassen dieser Persönlichkeit. Aber wenn man das denkt, dann ruft man jedenfalls den Verstorbenen unmittelbar zu sich. Und so kann man meditieren, im Bewusstsein der Verstorbenen.

Ob sie auch kommen wollen, das ist dann ihre Sache, man kann sie nicht zwingen, dadurch, dass man an jemanden denkt. Wenn er etwas anderes zu tun hat, dann kommt er nicht. Aber man kann lernen das zu spüren, ob dieser Mensch, dieser Verstorbene, kommt oder nicht.

Das ist unmittelbar zu erfassen. Wenn man zu lange wartet, dann phantasiert man leicht. Es muss unmittelbar erfasst werden, da ist die Täuschung durch Phantasie nicht möglich, ist noch nicht geschehen.

Teilnehmer: Und dann könnte man so eine Meditation machen, wie du es heute beschrieben hast?

Ja.

Teilnehmerin: Soll ich während der Meditation das Bewusstsein bei den Verstorbenen dabei behalten oder reicht die Einladung: Du kannst das jetzt gerne mitmachen, bei mir sein.

Ja, es gibt natürlich eine Möglichkeit, während der Meditation diesen Gedanken regsam zu halten. Aber das geht doch auch wiederum nur, wenn diese Individualität auch bleibt. Also ist es eine gewisse Gemütsruhe, die man haben muss, man kann nicht mehr tun, als den Gedanken fassen und dann vielleicht durch die Meditation hindurch mittragen.

Teilnehmer: Der Sinn davon wäre, dass man einfach seine Erfahrung mit der Meditation den Verstorbenen hinübergibt oder dass man die Brücke baut, oder …?

Dass eine Wechselwirkung entsteht, die sonst natürlich auch da ist. Aber das Traurige für die Verstorbenen ist, dass sie diese Wechselwirkung wohl wahrnehmen, aber wir selbst nicht. Und das ist dann etwas Schreckliches. Wenn man sich vorstellt, dass man selbst gestorben ist und dann in die Herzen seiner Kinder z.B. eintaucht und die merken das gar nicht.

Teilnehmerin: Ich hatte das gefragt, weil meine verstorbene Freundin so sehr gerne hier leiblich anwesend gewesen wäre. Und dann dachte ich, ich kann noch was tun - ich bin sicher, dass sie mit arbeitet, schon Jahre - weil ich es so verstanden habe, wenn man hinüber gegangen ist, dann kann man nichts mehr ändern, dann ist es da so, wie es nun einmal ist. Und sie hätte bestimmt gerne mitgearbeitet und vielleicht kann sie jetzt mit uns mitarbeiten.

Teilnehmer: Und dieses Wechselseitige? Weil diese Toten, die sind ja nicht weg, sondern arbeiten ja auch an unseren Leibern, Wesensgliedern?

JM: Rudolf Steiner beschreibt auch, dass beim meditierenden Menschen die Verstorbenen in der Nacht Zugang zu einem finden und dass bei Menschen, die gar nicht meditieren, dieser Zugang viel schwieriger ist. Durch meditierende Menschen wissen sie, was in der Welt oder in dem Leben dieses meditierenden Menschen geschieht. Also wenn es in der Familie der Verstorbenen Menschen gibt, die meditieren, können die Verstorbenen weiter miterleben, was mit den Hinterbliebenen weiter geschieht. Sonst wissen die gar nichts mehr von dem Moment an, da sie gestorben sind. Es ist ein großer Vorteil, wenn man meditiert, dass die Verstorbenen miterleben können, was wir weiter erleben.

Teilnehmer erneut: Was wäre dann der Vorteil für die Verstorbenen, einfach, dass sie diese Trauer oder Einsamkeit nicht so stark haben oder?

Die Verbindung kann sehr groß sein mit dem Weiterleben der Kinder, der Enkelkinder, diese Verbindung ist durch den Tod abgeschnitten. Und wenn wir meditieren, dann bleibt die Verbindung, dann erleben sie in uns die Gefühle, die Willenskräfte, die Zusammenhänge mit unserem weiteren Leben, mit unseren Kindern und Enkelkindern.

Teilnehmerin: Man bekommt doch auch eben Impulse von den Verstorbenen?

JM: Auch im Unbewussten unserer Willenskräfte geben die Verstorbenen an die Familienmitglieder oder Freunde immer Impulse ab.
Wir wissen gar nicht, dass wir denen folgen. Aber die Kommunikation kann man viel bewusster in der Meditation machen, wenn man sich darauf richtet.

MM: Und dafür braucht man eigentlich keine Zeit. Es ist nur, weil wir so kompliziert sind, dadurch wird es so schwierig, weil man das nicht alles auf einmal tut. Das könnte schon, man braucht nicht alles hintereinander zu tun.

JM: Und wenn man ehrlich ist, muss man doch zugeben, dass man die Verstorbenen doch schnell, leicht vergisst, manchmal denkt man dran, aber nicht täglich, wenn man keine Disziplin daraus macht.

Teilnehmerin: Aber was ist es denn, wenn die Verstorbenen einem im Traum erscheinen, meine Mutter z.B. ist mir oft im Traum erschienen?

MM: Das kann mehrere Dinge bedeuten, es können Bilder sein, wodurch die träumende Seele bestimmte Gefühle in Bilder der Mutter verwandelt, obwohl es die Mutter nicht ist, aber das Gefühl kann nicht anders erlebt werden, als so. Aber es kann auch wirklich die Mutter sein. Das kann man eigentlich nur unterscheiden dadurch, dass man die Gefühle versucht zu fassen, die man hat, bevor man aufwacht. Also, im Traum hat man so ein Bild, das ist eine Gestaltung der Gefühle. Und das lässt sich meistens wohl fassen.

Teilnehmerin: Als ich mit der Anthroposophie angefangen habe, war ich bei einer alten Ärztin, die hat einen Lesekreis gemacht und ich war da als junge Frau unter ihren Fittichen. Sie hat damals erzählt - und ich hab das unhinterfragt angenommen - dass die Verstorbenen zu den Schlafenden kommen und dasjenige, was wir am Tage an Geistigem aufgenommen haben, bekommen. Da aber die ganze Menschheit so materiell geworden ist, gehen die leer aus, also finden sie nichts.

Das Johannes Evangelium wäre dann eine gute Nahrung.

MM: Aber das geht nur, wenn Gefühl und Wille bei dem geistigen Aufnehmen mitgemacht haben. Wenn es nur mit dem Denken, mit dem gewöhnlichen Denken, gemacht wurde, dann ist das auch zu materiell, dann können sie auch nicht herankommen.

Also, es war die Frage, was können wir tun, wenn wir meditierende Menschen sind, damit wir auch mit den Verstorbenen in Berührung bleiben.

*

Ja, dann haben wir uns in diesen Tagen darin vertieft, wie es möglich ist, sich bereit zu machen, um sich innerlich aufzuschwingen zu einem Gewahrwerden der ersten Hierarchie, und es ist natürlich unmittelbar deutlich, dass das schwieriger ist, als mit der zweiten Hierarchie und viel schwieriger ist, als mit der dritten Hierarchie, die sich doch ziemlich in der Nähe von uns betätigen.

Wir müssen zur Intuition durchdringen um eine Hoffnung haben zu können, diese Wesenheiten der ersten Hierarchie auch zu erleben.

Andererseits bleibt es eine Sicherheit, dass, wenn wir mit dem Denken intensiv vorstellend tätig sind, dass wir dann in gewissem Sinn diese Wesenheiten auch intuitiv erfassen. Denn, was man dann denkt, wenn es richtig ist, ist eine Wirklichkeit und da gibt es natürlich Stufen zwischen dieser mehr vorstellenden Wirklichkeit und der Wirklichkeit, worin man sich dann ahnend vertieft dadurch, dass man zur geistigen Intuition aufsteigen kann.

Und das haben wir dann durch drei Tage hindurch versucht, am ersten Tag dadurch, dass wir versucht haben in diesem intuitiven Ich wie in einem Zuhause anzukommen. Wenn man diese vier Schritte der Meditation in den fünften übergehen lässt, dass die Tätigkeit ganz zur Ruhe gebracht ist, dass wir uns da in diesem Ich getragen fühlen können, durch die Gnadenwirkung der Throne, so können wir da zu einem Seins-Erlebnis im Ich kommen, dass ich sagen kann *Ich bin* und dann auch wirklich da bin.

Am zweiten Tag haben wir das weiter vertieft, dadurch, dass wir versucht haben in diesem *Ich bin* bewusst zu werden, dass es da auch ein Innenleben geben kann und dieses Innenleben haben wir dann verbunden mit der Moralität, mit den Regungen des Gewissens.

Und heute haben wir die Bewegung im *Ich bin* noch versucht weiterzuführen, dadurch, dass dieses innerliche *Ich bin*, das schon ein gewisses Leuchten ist, dass dieses Leuchten immer stärker und stärker werden kann durch die Flammenmachttätigkeit der Seraphim. Und diese fachen uns so an, dass wir dann auch wirklich leuchtend in der geistigen Welt darin sein werden. Aber dadurch, dass wir uns das so kräftig vorgestellt haben, können wir darin Vertrauen haben, dass wir es in diesem Augenblick eigentlich auch schon sind. Und die Wirksamkeit der Seraphim ist bis in das alltägliche Leben hinein anwesend, weil sie unsere Wesenheit durch die Inkarnationen hindurch als Schicksalsprüfungen in das alltägliche Leben hineintragen.

Die Prüfungen warten also in der Zukunft auf uns und in diesem Sinn sind sie Zukunftsereignisse, aber andererseits haben sie mit der Vergangenheit zu tun, weil die Vergangenheit bestimmt hat, dass diese Zukunftsimpulse notwendig sind.

Und ich will da nochmal diese beiden Abschnitte aus der Apokalypse vorlesen, damit wir wirklich sehen, wie apokalyptisch unsere Arbeit gewesen ist (Kapitel 1 und dann Kapitel 4 und eigentlich auch 5, 6 und alle anderen):

Da wandte ich mich um, weil ich die Stimme erblicken wollte, die zu mir sprach. Als ich mich umwandte, sah ich sieben goldene Leuchter rund mitten unter den Leuchtern einen gleich einem Menschensohn; er war bekleidet mit einem Gewand bis auf die Füße und um die Brust trug er einen Gürtel aus Gold.

Sein Haupt und seine Haare waren weiß wie weiße Wolle, wie Schnee, und seine Augen wie Feuerflammen; seine Beine glänzten wie Golderz, das im Schmelzofen glüht, und seine Stimme war wie das Rauschen von Wassermassen. In seiner Rechten hielt er sieben Sterne und aus seinem Mund kam ein scharfes, zweischneidiges Schwert und sein Gesicht leuchtete wie die machtvoll strahlende Sonne. Als ich ihn sah, fiel ich wie tot vor seinen Füßen nieder. Er aber legte seine rechte Hand auf mich und sagte: Fürchte dich nicht! Ich bin der Erste und der Letzte und der Lebendige. Ich war tot, doch siehe, ich lebe in alle Ewigkeit und ich habe die Schlüssel zum Tod und zur Unterwelt.

Schreib auf, was du gesehen hast: was ist und was danach geschehen wird.

Das Geheimnis der sieben Sterne, die du auf meiner rechten Hand gesehen hast, und der sieben goldenen Leuchter ist: Die sieben Sterne sind die Engel der sieben Gemeinden und die sieben Leuchter sind die sieben Gemeinden.

Und nachdem er dann über die sieben Gemeinden gehört hat, wird gesagt:

Danach sah ich und siehe, eine Tür war geöffnet am Himmel; und die erste Stimme, die ich gleich einer Posaune mit mir reden gehört hatte, sagte: Komm herauf und ich werde dir zeigen, was dann geschehen muss.

Sogleich wurde ich vom Geist ergriffen. Und siehe, ein Thron stand im Himmel; auf dem Thron saß einer, der wie ein Jaspis und ein Karneol aussah. Und über dem Thron wölbte sich ein Regenbogen, der wie ein Smaragd aussah.

Und rings um den Thron standen vierundzwanzig Throne und auf den Thronen saßen vierundzwanzig Älteste, in weiße Gewänder gekleidet und mit goldenen Kränzen auf dem Haupt.

Von dem Thron gingen Blitze, Stimmen und Donner aus. Und sieben lodernde Fackeln brannten vor dem Thron; das sind die sieben Geister Gottes.

Und vor dem Thron war etwas wie ein gläsernes Meer, gleich Kristall. Und in der Mitte des Thrones und rings um den Thron waren vier Lebewesen voller Augen, vorn und hinten.

Das erste Lebewesen glich einem Löwen, das zweite einem Stier, das dritte sah aus wie ein Mensch, das vierte glich einem fliegenden Adler.

Und jedes der vier Lebewesen hatte sechs Flügel, außen und innen voller Augen. Sie ruhen nicht, bei Tag und Nacht, und rufen:

Heilig, heilig, heilig / ist der Herr, der Gott, der Herrscher über die ganze Schöpfung; / er war und er ist und er kommt.

Und wenn die Lebewesen dem, der auf dem Thron sitzt und in alle Ewigkeit lebt, Herrlichkeit und Ehre und Dank erweisen, dann werfen sich die vierundzwanzig Ältesten vor dem, der auf dem Thron sitzt, nieder und beten ihn an, der in alle Ewigkeit lebt. Und sie legen ihre goldenen Kränze vor seinem Thron nieder und sprechen:

Würdig bist du, Herr, unser Gott, Herrlichkeit zu empfangen, Preis und Ehre und Macht. Denn du bist es, der die Welt erschaffen hat, durch deinen Willen war sie und wurde sie erschaffen.

Und ich sah auf der rechten Hand dessen, der auf dem Thron saß, eine Buchrolle; sie war innen und auf der Rückseite beschrieben und mit sieben Siegeln versiegelt.

Und ich sah: Ein gewaltiger Engel rief mit lauter Stimme: Wer ist würdig, die Buchrolle zu öffnen und ihre Siegel zu lösen?

Aber niemand im Himmel, auf der Erde und unter der Erde konnte das Buch öffnen und hineinsehen.

Da weinte ich sehr, weil niemand für würdig befunden wurde, das Buch zu öffnen und hineinzusehen.

Da sagte einer von den Ältesten zu mir: Weine nicht! Siehe, gesiegt hat der Löwe aus dem Stamm Juda, der Spross aus der Wurzel Davids; er kann das Buch und seine sieben Siegel öffnen.

Und ich sah: Zwischen dem Thron und den vier Lebewesen und mitten unter den Ältesten stand ein Lamm; es sah aus wie geschlachtet und hatte sieben Hörner und sieben Augen; die Augen sind die sieben Geister Gottes, die über die ganze Erde ausgesandt sind.

Das Lamm trat heran und empfing das Buch aus der rechten Hand dessen, der auf dem Thron saß.

Als es das Buch empfangen hatte, fielen die vier Lebewesen und die vierundzwanzig Ältesten vor dem Lamm nieder; alle trugen Harfen und goldene Schalen voll von Räucherwerk; das sind die Gebete der Heiligen.

Und sie sangen ein neues Lied und sprachen:

Würdig bist du, das Buch zu nehmen und seine Siegel zu öffnen;

denn du wurdest geschlachtet und hast mit deinem Blut Menschen für Gott erworben aus allen Stämmen und Sprachen, aus allen Nationen und Völkern und du hast sie für unsern Gott zu einem Königreich und zu Priestern gemacht; und sie werden auf der Erde herrschen.

Ich sah und ich hörte die Stimme von vielen Engeln rings um den Thron und um die Lebewesen und die Ältesten; die Zahl der Engel war zehntausend mal zehntausend und tausend mal tausend.

Sie riefen mit lauter Stimme:

Würdig ist das Lamm, das geschlachtet ist, / Macht zu empfangen, Reichtum und Weisheit, / Kraft und Ehre, Lob und Herrlichkeit.

Und alle Geschöpfe im Himmel und auf der Erde, unter der Erde und auf dem Meer, alles, was darin ist, hörte ich sprechen:

Ihm, der auf dem Thron sitzt, und dem Lamm / gebühren Lob und Ehre und Herrlichkeit und Kraft in alle Ewigkeit.

Und die vier Lebewesen sprachen: Amen. Und die vierundzwanzig Ältesten fielen nieder und beteten an.

Ich möchte dann noch den Spruch zitieren, den Rudolf Steiner ganz am Ende seines Lebens geschrieben hat:

*Ich möchte jeden Menschen aus des Kosmos Geist entzünden,*
*dass er Flamme werde und feurig seines Wesens Wesen entfalte.*
*Die andern sie möchten aus des Kosmos Wasser nehmen,*
*was die Flammen erlöscht und wässrig alles Wesen im Innern lähmt.*
*O Freude, wenn die Menschenflamme lodert auch da, wo sie ruht.*
*O Bitternis, wenn das Menschending gebunden wird da, wo es regsam sein möchte.*

Während dieser vier Tage habe ich die Frage bekommen, ob wir im Sommerseminar uns weiter vertiefen könnten in diese aufsteigende hierarchische Welt und, ganz vorsichtig tastend, zu der Trinität dann gehen könnten. Das hätte ich aus mir selbst nicht gewagt, aber jetzt sage ich ja, das mache ich, also, das machen wir, wenn ihr wieder kommt.

Gut und dann singen wir noch ein Bekenntnis aus dem Herzensgrund und ich will nochmal auf diesen Moment hinweisen, woraufhin dieses Bekenntnis durch die fromme, christliche Gemeinde gesungen wird. Jesus ist bereits gekreuzigt worden, aber er ist noch nicht gestorben und da kommen die Juden zu Pilatus und sagen, du hast geschrieben: Jesus von Nazareth, König der Juden, INRI. Das wollen die Juden natürlich nicht wahrhaben und da sagt Pilatus: Was ich geschrieben habe, das habe ich geschrieben.

In der Johannes Passion von Bach kommt die fromme christliche Gemeinde mit dem Bekenntnis:

In meines Herzens Grunde… und das singen wir dann jetzt noch mal.

‚In meines Herzens Grunde
Dein Nam‘ und Kreuz allein
Funkelt all Zeit und Stunde,
Drauf kann ich fröhlich sein.
Erschein mir in dem Bilde
Zu Trost in meiner Not,
Wie du, Herr Christ, so milde
Dich hast geblut‘ zu Tod!‘

*Choral aus der Johannes Passion, J.S Bach*

# ANHANG

Chor der Urtriebe von Fercher von Steinwand

In den unbegrenzten Breiten
Unsrer alten Mutter Nacht,
Horch - da scheint mit sich zu streiten
Die geheimnisvollste Macht!
Hören wir die Ahnung schreiten?
Ist die Sehnsucht aufgewacht?
Ward ein Geistesblitz entfacht?
Gleiten Träume durch die Weiten?
Wie sich an Kräften die Kräfte berauschen,
Seliges Tauschen!
Plötzliches Eilen,
Stilles Verweilen,
Schwelgendes Lauschen
Wechselt mit Winken
Staunenden Bangens!
Reiz des Erlangens
Steigt, um zu sinken,
Sinkt, um zu hassen,
Weiß vor dem blassen
Bild des Umfangens
Hass nicht zu fassen.
Dunkle Verzweigungen
Sprießender Neigungen
Suchen nach Ranken.
Schwere Gedanken
Dämmern und wanken
Über den Welten,
Scheinen zu raten

Oder zu leiten.
Was sie bereiten,
Sind es die Saaten
Riesiger Taten,
Strahlender Zeiten?
Wer das Erwühlte
Schöpferisch fühlte!
Wer es durchirrte,
Selig genießend,
Oder entwirrte,
Hohes erschließend!
Droben bewegt sich' s wie Geisterumarmung
Wir in Erwarmung,
Wir auch gewinnen,
Suchen und sinnen,
Seh'n uns gehoben,

Höchstem Beginnen
Glücklich verwoben.
Die uns umwehen,
In uns erstehen:
«Ihr seid's, Ideen! - -»
Zarte Begegnungen,
Freudige Küsse,
Liebender Segnungen
Gegenergüsse!
«Feinster Entstehungen erste Gestalter,
Weiseste Sprecher des obersten Grundes!
Sinn und Ersinnungen eueres Bundes
Laßt uns gewahren, uns, die Entfalter
Eueres Fundes,
Uns, die wir Zwillingsgeschwister von Alter!
Denkt - an das Denken
Schmiegt sich des schaffenden Wortes Behagen,
Denkt - was wir wagen,
Werdet ihr lenken! -

Ihr seid entschieden,
Stets in Erglimmung
Schönstes zu träumen,
Träumend zu sehen,
Wir, im Entstehen
Schönes zu schmieden -
Uns ist‘s Bestimmung,
Niemals zu säumen. -
Leidiger Öden gepeinigte Nächte,
Wisset, sie wissen,
Wes ihr beflissen.
Wer es uns brächte!
Seufzen der Finsternis traurige Mächte.
Weck‘ euch der ächzende Sturm des Verlangens
Lust des Bescherens -
Was noch des Hangens?»
«Qual des Entbehrens,
Mut des Begehrens,
Zeit des Empfangens,
Glück des Vermehrens -
Was noch des Hangens?
Teilt und verströmt die bekundete Wärme,
Willige Schwärme!»
Hört, was die denkenden Höhen uns sagen -
Laßt uns entjagen!
Laßt das Empfundne die Zeiten empfinden,
Ruft, was berufen, ins Werden zu ragen,
Laßt, was sich sucht, mit Frohlocken sich finden,
Warm sich verbinden!

II

Ist‘s ein Schwellen,
ist‘s ein Wogen,
Was aus allen Gürteln bricht?
Wo wir liebend eingezogen,

Dort ist Richtung, dort Gewicht.
Hätt' uns Will' und Wunsch betrogen?
Sind wir Mächte, sind wir's nicht?
Was es sei, wir heischen Licht -
Und es kommt in schönen Bogen!
Jeglichem Streite
Licht zum Geleite!
Schleunigen Schwingungen
Zarter Erregung,
Weiten Verschlingungen
Tiefer Bewegung
Muß es gelingen,
Bald durch die hangenden,
Schmerzlich befangenden
Nächte zu dringen.
Über den Gründen,
Über den milden
Schwebegebilden
Muß sich's verkünden,
Geister entzünden,
Herzen entwilden.
Hat es getroffen,
Find' es euch offen!
Seht ihr die erste
Welle der Helle?
Grüßt sie die hehrste,
Heiligste Quelle!
Schnelle, nur schnelle!
Hellen Gesichtes
Huldigt dem Scheine,
Hütet das makellos ewiglich- eine
Wesen des Lichtes!
Mag es, sein wechselndes Streben zu feiern,
Farben entschleiern!
Wecken wir lieblichen Krieg, daß sich trunken
Lösen die Funken!

Laßt uns die Tiefen, die schaffend erschäumen,
Laßt uns das Edle, was streitend gesunken,
laßt und die Kreise, die Fruchtendes träumen,
Strahlend besäumen!

III

Treiben wir, sind wir getrieben?
Wankt die Wölbung, weicht der Grund?
Ha, die Lüfte, ach die lieben,
Feiern tönend unsern Bund!
Wie sie brausen, rasseln, stieben
Durch das großgedehnte Rund!
Geben uns die Klänge kund,
Was im All noch Traum geblieben?
Träumt ihr ein Bleiben? -
Während wir Schroffen
Stürmisch uns reiben,
Seht, wie sie's treiben,
Fragt, was sie hoffen!
Freudig betroffen,
Nah'n die geselligen
Stoffe den Stoffen!
Nur die mißhelligen
Spannen und wecken.
Heimlich und offen
Wollen sie schrecken
Anders gekräftigte,
Wollen sie necken
Eigens beschäftigte
Mittler und Schaffer der irdischen Schale -
Alle die Boten und Kinder vom Strahle
Weh'n ein Erstarken
Auch in die Marken,
Auch in die Gilden der Weltideale,
Wo das Gehaltige

Wächst ins Gewaltige!
Laßt uns erfliegen die himmlischen Zinnen,
Nebel zu spinnen!
Welches Entzücken, die Winde zu schwenken,
Wolken zu lenken,
Zärtlich die wandernden Töne zu wiegen,
Schmelz in den Busen der Schöpfung zu senken,
Trotzige Mächte mit Klang zu bekriegen,
Kosend zu siegen!

IV

Wie die Dämpfe rings gerinnen!
Kochend schürzt sich Schwall um Schwall;
Will die Kraft Gestalt gewinnen?
Welch ein riesenhafter Ball!
Tanzend pilgert er von hinnen
Unter Knall und Donnerhall,
Glut im Körper, Glanz im All -
Doch wir draußen, doch wir drinnen!
Bäumt euch von innen
Glühend nach außen;
Hang zur Erkaltung
Liebt nicht Entfaltung.
Aber, was draußen,
Was wir besaßen,
Was wir vertraut den umgürtenden Straßen,
Sucht es beständig zurückzuerobern,
Alle Begleiter, die Untern, die Obern!
Denn es ist Satzung:
Borgend von Jahrmillionen die Schritte,
Nah'n wir dem sonnigen Feuer der Mitte,
Rennen und stürzen - verschwindend als Atzung!
Leben für Leben ist sphärische Sitte!
Aber das Werdende,
Frisch sich Gebärdende

Gilt es zu schlichten.
Laßt uns die Schichten,
Laßt uns die Ränder,
Mittelpunkt-feindlichen Trümmer und Bänder,
Die sich entfremden und rings sich entschwingen,
Trennen in Ringen,
Laßt uns die flüchtigen, glänzenden Schollen
Ründen und rollen!
Ordnet den Reigen und zirkelt die Bahnen
Jeglichem Kind, das den Sonnen entquollen,
Gönnt ihm im Funkel ätherischer Fahnen
Jubelndes Ahnen!

## V

Strebt die Sonne zu vollenden,
Nehmt die Sterne hold in Hut,
Während wir zur Erde wenden
Unsern schönen Lebensmut.
Nach dem Sitz der Mitte senden,
Drängen wir des Brandes Wut,
Des Metalles weiße Glut
Mit des Goldes schweren Spenden.
Unserem Blute
Fremd ist das Schlimme;
Aber das Gute,
Kommt es zu Odem, gelangt es zu Mute,
Wach' es und schaff' es mit rüstiger Stimme!
Herzhaft indessen,
Ernst sei's ermessen
Was wir besitzen und was wir besessen,
Was wir behalten und was wir vergessen:
Gluten verzehren,
Fluten verheeren,
Taten zerknickend,

Wohltat erstickend -
Was man auch billige, was auch begehre,
Über das Feuer, das Wasser erhaben,
Schätzbar allein sind die geistigen Gaben,
Ewig bestimmend die geistige Ehre!
Wetter, um sich an der Flamme zu rächen,
Schleudern mit Bächen;
Rettet, was Schöpfern und Schöpfungen teuer,
Schirmet das Feuer!
Deckt es und häuft den Granit in die Ritzen!
Wir, dem Berufe des Bildens getreuer,
Türmen Gebirg‘ zu Gebirg‘, auf die Spitzen
Köcher mit Blitzen!

VI

Aber stürmisch dreht sich‘s oben,
Wolk‘ um Wolke weht erfrischt,
Schäume flattern,
Winde toben,
Das entbundne Naß erzischt;
Rasch zerflogen, rasch gewoben,
Wirft es klirrend Gischt auf Gischt -
Ha, das Lavalicht erlischt,
Und die Welle kommt gestoben,
Tanzt an die Küste,
Pocht an die Brüste
Lagernder Blöcke,
Die mit dem Garne
Tastender Pflanzen
Sacht sich verschanzen.
Wahre dich, warne!
Schießt doch die Flutung in perlende Kämme,
Streift an die Stöcke
Türmiger Schwämme
Weicht in die Höhlungen, schleicht ins Gestämme,

Steigt in die Schirme dem schmächtigen Farne,
Greift in die Kronen, die schuppigen Röcke
Strotzender Palmen, verwesender Pflöcke.
Wahre dich, warne!
Aus den Verhauen
Recken sich Klauen!
Tief im Gesträuche,
Hinten in grauen
Winkelgewässern, entsetzlich zu schauen,
Bläht sie die Schläuche,
Grimmiger Saurier scheußliche Bäuche!
Seht sie, sie kommen, mit Algen und Tangen
Grünlich behangen!
Doch du verleugnest sie, freudige Welle!
Immer die Schultern, die silbernen, badend,
Bist du beladen und fröhlich entladend,
Lieblich, gewaltig, gehorsam und schnelle!
Rührend, 0 Pilgerin, sei du empfangen,
Liebend gefangen;
Räumige Lager sind rings dir bereitet,
Buchtig geweitet;
Wunderbar schweife du deine Gewänder,
Jugendlich zwischen die Ufer gebreitet;
Über den Rissen geschiedener Länder
Tausche du Pfänder!

VII

Aus dem stolzen Wettgedränge
Steigen sanft Gestad‘ und Au,
Warmer Tropfen leise Klänge
Fließen durch des Äthers Grau.
Ach, wenn Bleibendes gelänge!
Glänzte doch des Himmels Blau!
Käme Stern um Stern zur Schau,
Seelen atmend und Gesänge!

Nichts des Getöses
Sei uns beschieden,
Nirgends ein Böses
Töte den Frieden.
Was sich nicht zeitigt,
Bald sei's beseitigt,
Allzeit gemieden.
Denkt ihr zu bauen,
Grund sei besichtigt,
Mittel berichtigt,
Schranken zerhauen,
Feinde beschwichtigt.
Auch dem Erlauen
Widmet Vertrauen;
Nicht um zu stammeln,
Will man sich sammeln.
Aber dem stillen,
Zögernden Willen
Lasset die Pfade
Fördersam schauen.
Wie sich's entlade,
Keinerlei Wendung
Weck' in euch Grauen.
Nichts ist Verschwendung,
Doch die Vollendung
Schließlich ist Gnade.
Wohl sei's erwogen:
Was wir im Bunde
Pflegen und pflogen,
Jegliche Stunde
Wird es vollzogen,
Jede Minute seit ältester Kunde.
Deut' es und deute
Künftig wie heute!
Jeder Geborne
Lebt es von vorne,

Fühlt‘s in sich regen,
Hat sich‘s erzogen,
Hat es zugegen,
Was wir hier pflogen,
Was wir hier pflegen.
Folget den Windungen
Tiefster Empfindungen!
Was wir entfalten,
Inn‘ re Gewalten
Sind‘s, die‘s enthalten.
Laßt uns die dämmernden Fluren durchschwärmen,
Sprößlinge wärmen,
Quellend die Achseln der Bäume besteigen,
Schwellen in Zweigen,
Morgens verkehren mit jauchzenden Lüften,
Abends uns baden im seligsten Schweigen,
Höhen behorchen und grollenden Klüften
Schmeicheln mit Düften!

VIII

Kühngejochtes Baumgewinde
Spinnt sich seine dunkle Pracht.
Und die junge Felsenrinde
Ragt in grüner Märchentracht.
Stille Dämmerwelt verschwinde
Im Geräusch der Wasserschlacht,
Tritt aus spätenthülltem Schacht
Mit erwünschtem Angebinde!
Klage nicht, trage!
Frage nicht, wage!
Halte dir offen:
Tot ist der Zage,
Handeln und Hoffen
Läutert die Lage.
Sein hat nicht Schein,

Sein, das geworden,
Kräftig entspringend,
Selbst sich verschlingend,
Schein ist's vom Sein -
Werdend ein Morden,
Schein auch im Nein,
Tod - nicht aus Sünde,
Ende hat Gründe!
Keine Vernichtung
Ist uns Verpflichtung.
Alles Entwandern
Ist nur die Lichtung
Göttlicher Sichtung,
Ist ein Sichfinden, Erkennen im andern.
Mutiges Denken
Sicherstes Lenken!
Glücke der Stein, der im Feuer verendet,
Welches er spendet!-
Speist mit der Ernte vom Pol und vom Gleicher
Speicher für Speicher!
Drüber den Mantel geschichteter Tone!
Einst, um den Wert der Jahrtausende reicher,
Schmückst du den Herd uns mit purpurner Krone,
Üppige Zone!
Mögt euch verteilen,
Eilen
Ohne zu hasten,
Bis der entseelten
Pflanzung entstammen
Jene verhehlten
Bürgen der Flammen,
Breit an den Sohlen,
Schwarz durch Verkohlen.
Wir nur verweilen!
Gönnt uns zu rasten
Bis zu des reinen

Marmels Erscheinen-
Sei's, denn wir heilen!
Senket die Flächen und schüttelt die Stämme,
Rüttelt die Dämme!
Droben die bleichen,
Zweifelnden Strahlen
Legen wie Leichen
Sich in den fahlen
Nebel hinüber.
Über dem glatten
Riesengemälde
Saftiger Matten,
Über dem satten,
Feuchten Gewälde
Sinken die Schatten
Tiefer und trüber;
Finstere Heere
Donnernder Meere
Drohen herüber.
Lastende Dünste
Ängsten und hitzen,
Spaltend entblitzen
Schlummernde Brünste.
Irrende Wogen,
Wogenphalangen
Kommen geflogen,
Winden wie Schlangen
Sich um die bangen,
Wimmernden Bäume;
Heulende Schäume
Dreh' n in den Zweigen
Triefend den Reigen,
Schrecken die Träume
Kränzender Wipfel -
Wälzen und stauen
Wütend ihr Grauen

Über die Gipfel
Wankender Hügel!
Unter dem Flügel
Nächtiger Wellen
Kauern wie Zwerge
Felsen und Berge,
Schütten die hellen,
Feurigen Quellen
Sich aus den Adern.
Leichte Kristalle
Flieh‘ n in Geschwadern
Aus dem Zerfalle,
Suchen sich mählig
Niederzuwiegen,
Unten sich wählig
Enger zu schmiegen;
Wachsen in dichten,
Bergenden Schichten,
Zieh‘n um die Kammern
Sterbender Forsten
Fleißig die strammern,
Felsigen Klammern. -
Aber es horsten
Unter den Fluten,
Näher den Gluten
Lodernder Mitte
Bildende Geister,
Freundlich von Sitte,
Kundig als Meister;
Formen im Kitte
Rinnender Kalke
Reinliche Fliesen,
Körnige Stufen,
Marmorner Riesen
Grundkatafalke.
Zögernd gerufen

Nah‘n zum Geschäfte
Tiefere Kräfte,
Heben das feine
Blanke Gebilde,
Tragen‘s am Schilde
Platter Gesteine
Schweigend nach oben;
Mächtig gekloben,
Lassen sie‘s droben
Über den dunkeln
Strömungen funkeln
Himmlische Mahnungen
Glücklicher Ahnungen
Scheinen vom lauen Eiland zu tauen!
Wer es verstünde,
Klar zu durchschauen
Alle die Gründe,
Faßte Vertrauen,
Großes zu bauen,
Trüge die Blüte
Keimender Dinge
Längst im Gemüte. -
Wendet die Schwinge!

IX

Hehre Sonne, komm‘, gebiete,
Leucht‘ uns, blonder Sphärenschwan,
Dem das ärmste Rohr im Riete,
Dem die Tat ist untenan!
Pluton herrscht und Amphitrite:
Gluten in des Wassers Bahn
Stäubt der schnaubende Titan -
Rett‘ uns aus dem Traum der Mythe!
Sinnigstes Leben
Göttlicher Fülle,

Heilsames Geben,
Gunst dem Bestreben
Heg' und enthülle!
Wolle beleuchten
Schickung und Sage,
An die verscheuchten
Rühmlichen Tage
Richte die Frage,
Wie sie sich fühlten,
was sie sich däuchten -
Wagnis und Plage,
Tau der Begeisterung, Träne der Klage
Soll sie befeuchten!
Hebe das Wissen,
Zweifeln entrissen,
Über den tauben,
Alles verwirrenden, ängstenden Glauben!
Nährende Jahre
Wirst du bereiten,
Forschung begleiten -
Zeig' uns das Klare
Drohender Zeiten,
leit' uns ins Wahre!
Aber die Leitenden suche zu leiten
Ja bis zur Bahre!
Sende die Spende,
Sende behende,
Sende kein Ende!
Wohl, wir erseh'n durch die Wirbel das Walten
Später Gestalten:
Würdigste Führung auf Seelengeleisen,
Weisung der Weisen,
Lichte Germanen mit Hüften, mit straffen,
Deutsche Gebote, cäsarisches Eisen -
Alles erscheint im Bedacht schon erschaffen,
Lorbeer und Waffen!

X

Wir vollzieh‘ n mit Allbehagen
Das veredelte Bemüh‘n,
Aug‘ um Auge möge tagen
Und den Geist des Lichtes sprüh‘ n;
Rasche Pulse sollen jagen,
Die vom Wohl des Lebens glüh‘n,
Muntre Häupter freudig kühn
Sich aus Busch und Bergen wagen!
Was auch die Schöpfungserdenker sich träumen
Über den Räumen,
Unser verhohlen entstehendes Wollen
Muß ihr Entschiednes geschieden entrollen.
Vielheit ist Wirksamkeit, alles beschaffend,
Einheit ist Wahrheit, der Einheit, der vollen,
Nie sich entraffend.
Ohne das Viele
Steht nicht das Eine,
Liegt‘s doch im Spiele,
Daß sich am Scheine
Gern das Ur-Eine
Vielheit erziele!
Wir in den Nähen,
Die wir‘s erspähen,
Mögen‘s erkennen,
Dürfen‘s nicht schmähen,
Müssen‘s vollführen und Gründe nicht nennen.
Alle die müden,
Armen und blassen
Hunger-Insassen,
Durstend im Süden,
Fierend im Norden,
Alle, die hassen -
Prangende Orden,
Fromme, die prassen;

Alle die Horden,
Lauernd in Steppen,
Kauernd auf Treppen;
Sonnen und Adler,
Thronend im Äther,
Kahle Verräter
Meuchelnde Tadler,
Muckernde Täter;
Alle die Kühnen,
Welche verwirren,
Mächtig im Irren,
Ohne zu sühnen;
Würger, die planen,
Wie man entwerfe
Blutige Bahnen;
Schaukelnde Kerfe,
Kaum aus den Larven,
Schwimmer in Teichen,
Klimmer an Eichen,
Nestler auf Arven,
Über dem Spiegel
Schimmernder Wasser die wallenden Schwäne -
Das sind die Unsern von Wesen und Siegel,
Das sind die Unseren bis an die Zähne,
Bis an die Träne!
Mögen wir wettern,
Mögen wir schielen:
Wir sind die Vielen,
Wir sind die Vettern,
Brüder und Schwestern,
Nicht zu verneinen,
Kinder des Einen,
Und nicht von gestern -
Einsam im Weinen, gemeinsam die Seinen!
Wir als Ermesser
Sind nur Geschöpfe,

Unsere Köpfe
Haben ein Wissen und wissen‘ s nicht besser.
Leitet die sumpfenden Wasser in Furchen,
Füllt sie mit Lurchen!
Gönnt uns die Lust, in die Lüfte zu klettern,
Lieder zu schmettern,
Andre verlangt‘s, in der Wüste zu streifen,
Schreckliche Zünfte von Schreckenentkettern,
Andre, sich furchtbar in mächtigen Reifen
Weiter zu schleifen.

XI

Prächtig um sich selbst geschwungen,
Wirkt das Sein als Bundesschar,
Zauberbänder sind geschlungen
In ihr volles Strahlenhaar.
Was im Schöpfertraum geklungen,
Als er Welt für Welt gebar,
In Gedanken fließ‘ es klar
Sprechend von gelösten Zungen!
Mensch sei der Name,
Geist sei der Same!
Weitet die Brust für die reichen Gewühle
Reger Gefühle!
Strebt mit dem Haupt nach dem Höchsten zu ragen,
Götter zu tragen,
Die sich erheben in leuchtenden Zügen,
Klingend die Harfe der Seele zu schlagen,
Formen des Edlen zu reinerm Genügen
Reizend zu fügen!
Aber die Meinung
Ist nicht der Meinende,
Schein und Erscheinung
Nicht das Erscheinende.
Reines und Reifliches,

Such‘ es nicht hüben,
Nennbares, Greifliches,
Hoff‘ es nicht drüben.
Doch ein Verbundenes,
Fühlend Gedachtes,
Denkend Empfundenes,
Sinnend Vollbrachtes,
Leiblos eracht‘ es,
Leiblich betracht‘ es!
Das ist gefundenes,
Feurig erwachtes,
Fesseln entwundenes,
Himmlisch entfachtes
Leben aus Leben!
Frucht aus der Höhe, beredsam geboten,
Zucht der Lebendigen, Zunge der Toten!
Flucht aus dem Troß- ein gesundes Entschweben,
Der es gegeben, die Kunst ist es eben!

XII

Mag der Dauer sich gewöhnen,
Was der Drang heraufbeschwor,
Das Verschönen, das Versöhnen
Walt‘ im Strom der Schöpfung vor.
Süßes Licht, in holden Tönen
Klimmt das Herz zu dir empor,

Weile vor des Westens Tor,
Hilf die Tat der Liebe krönen!
Ist doch der Trieb aus den irdischen Banden
Seelisch erstanden!
Aber das Mündige,
Herrschende, Bündige
Weist sich als Geist!
Alles, was kreist,

Irdisch Begründetes,
Himmlisch Entzündetes
Schuf sich im Geist,
Kam aus dem Geist,
Wirkt durch den Geist -
Um für Verkündetes
Ganz zu genesen,
Wünschen wir Meister;
Seid uns erlesen,
Muster im Wesen,
Meister der Geister,
Lehrer und Leister
Denkt nun, ihr Kinder,
Heimlichster Regungen Fühler und Finder,
Denkt an den Brüsten des Himmels zu saugen
Droben in göttlich befehligter Treue
Bräunt sich die neue
Wölbende Bläue,
Wartet mit Augen!
Lichter erwartet, unendlich entfernte;
Zu des Gedankens urältester Ernte
Führt sie die Nacht, die jungfräulich besternte. -
Wir - wir umwandeln die scheidende Güte,
Sie, die vertraulichste Schwester der Sonnen,
Unsere Sonne, die freundlich bemühte,
Eh' sie das schattende Lager gewonnen.
Geistige Reife wie geistige Blüte,
Immerdar sei sie vermählt dem Gemüte!
Sonne, nun sinne,
Wenn auch verborgen,
Morgen hat Sorgen,
Morgen beginne,
Denn wie der Abend, so bist du der Morgen!
Liebliches spinne,
Liebes in allem, was innig vorhanden,
Glücklich und reich der Verstand, der's verstanden!

Schuf doch die mächtige Chaosentrückung
Raum für Beglückung!
Hüllt in den Tau der eratmenden Milde
Wald und Gefilde!
Sorgt, daß zum Tau das Geleucht' sich geselle,
Sinnig der Saum der Verklärung sich bilde -
Jeglicher Tropfen beschwebe die Schwelle
Geistiger Helle!

***Panta Rhei***